全国民が読んだら
歴史が変わる

奇跡の経済教室

【戦略編】

中野剛志
Nakano Takeshi

KKベストセラーズ

全国民が読んだら歴史が変わる　奇跡の経済教室【戦略編】

はじめに——歴史の転換点

本書は、『目からウロコが落ちる　奇跡の経済教室【基礎知識編】』の続編になります。ですが、本書だけを読んでも容易に理解できるように、書いています。

もし、それでもなお、本書で分かりにくい箇所や疑問が出てくるようでしたら、是非、『奇跡の経済教室【基礎知識編】』も読んでいただきたいと思います。

さて、『奇跡の経済教室【基礎知識編】』では、主に経済に関する話を中心にして、平成日本の経済政策がほとんど180度と言っていいほど、間違っていたことを明らかにしました。そして、それが日本経済の長期停滞をもたらしたことを示しました。

本書では、長期の経済停滞から脱出するための「戦略」を論じます。つまり、根本的に間違っていた経済政策を修正するには、どうしたらよいかをテーマとするのです。

ところで、経済政策というものは、どうやって決まっていくのでしょうか。

それには、おおざっぱに言って、二つの説があります。

一つは、「経済政策というものには、その発想の元となっている思想がある。思想が、経済政策を決めている」という説です。言わば「思想決定説」です。

この「思想決定説」によれば、経済政策が180度間違っているのは、経済思想が180度間違っているからだということになります。

したがって、経済政策を改める戦略とは、思想を改める戦略だということになります。

もう一つは、「経済政策というものは、その背後に、政策を動かしている勢力がいる。その勢力が、自分たちの得になるように政策を決めているのだ」という説です。これは、「政治決定説」と呼ぶことができます。

「政治決定説」は、180度も間違った経済政策が実行されるのは、一部の、そんな間違った政策によって甘い汁を吸うことができる勢力が政治を動かしているからだと考えます。

したがって、経済政策を改める戦略とは、政治を改革する戦略でなければならないという結論になります。

一口に「経済政策を改める」と言っても、そのための戦略は、「思想決定説」に立つか、「政治決定説」に立つかによって変わってきます。

私は、「思想決定説」が正しい面もあれば、「政治決定説」が正しい面もあると思います。本書は、この両方の説に立って、分析をしていきたいと思います。

このため、もっぱら経済について論じた『奇跡の経済教室【基礎知識編】』とは違って、本書では、政治や思想の話がより多くなります。分析も、より複雑になるでしょう。

ですが、『奇跡の経済教室【基礎知識編】』同様、本書も、できるだけ分かりやすく書くことを第一に心掛けました。

ところで、『奇跡の経済教室【基礎知識編】』を出版した平成31年4月に前後して、アメリカや日本で、現代貨幣理論（Modern Monetary Theory）、通称MMTという理論が大きな話題となりました。

MMTについては、『奇跡の経済教室【基礎知識編】』でも触れましたが、本書でも、「特別付録」として、MMTについて、分かりやすく解説しています。

というのも、MMTは、日本にとっても世界にとっても、極めて重要な意義をもつ画期的な理論だからです。

さらに本書では、日本に限らず、世界情勢についても話を広げていきます。

言うまでもなく、世界の政治も経済も、大混乱に陥っています。

特に、イギリスのEU（欧州連合）離脱（ブレグジット）を巡る混迷や、アメリカのトランプ大統領が巻き起こす迷走など、世界は、カオスになりかかっています。

どうして、こんな状態になっているのか。

それについても、すっきり分かるような分析ツールを本書は用意しました。

この分析ツールを使えば、現在の世界が大きな歴史的転換点に立っているということが実感できると思います。そして、日本も。

本書を読み終わった方には、日本が進むべき道がはっきりと見えていることでしょう。

それでは、いよいよ『全国民が読んだら歴史が変わる　奇跡の経済教室【戦略編】』の開講です！

目次

第1章 基礎知識のまとめ

日本経済の長期停滞

本編に入る前に、まずは『目からウロコが落ちる　奇跡の経済教室【基礎知識編】』の内容を、ごく簡単に、おさらいすることとしましょう。

日本経済は、長期にわたって停滞しています。欧米ではこの20年間で名目GDP（国内総生産）が2倍程度になっているのに、日本だけがほぼ横ばいです（**図1**）。

日本経済が成長しなくなった最大の原因は、１９９８年から始まったデフレ（デ

図1◎日本、欧米、中国、その他の名目GDPの変遷

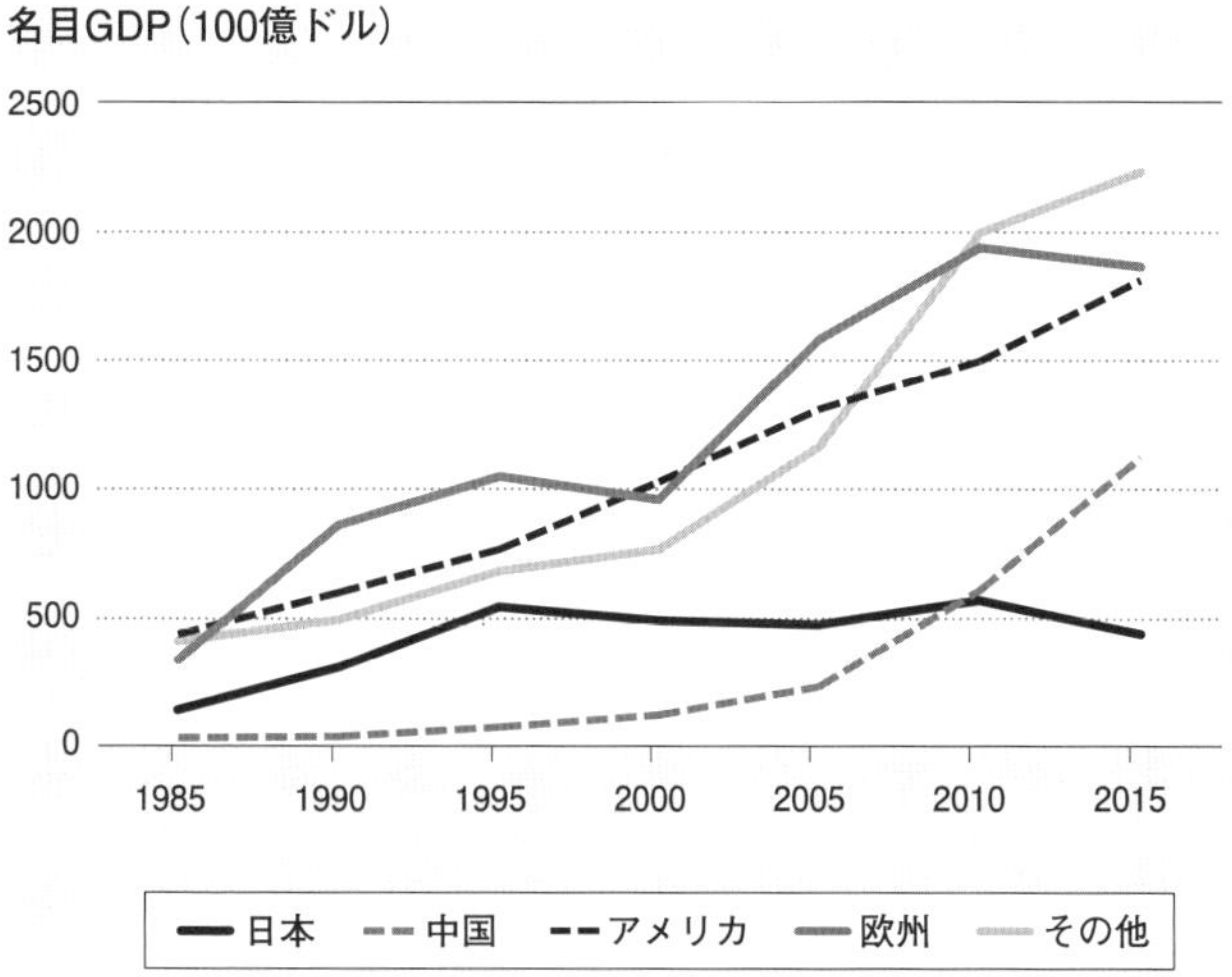

出典）藤井聡『「10%消費税」が日本経済を破壊する　今こそ真の「税と社会保障の一体改革」を』晶文社、2018年 p.47

フレーション）です。

デフレとは、一定期間にわたって、物価が持続的に下落する現象のことです。その反対に、物価が持続的に上昇する現象は、インフレ（インフレーション）と呼ばれます。

デフレが起きるのは、経済全体の需要（消費と投資）が、供給に比べて少ない状態が続くからです。

「需要不足／供給過剰」が、デフレを引き起こします。

「需要過剰／供給不足」が続くのであれば、インフレが起きます。


デフレとは、物価が継続的に下落することですが、裏を返すと、貨幣の価値が継続的に上昇するということです。

貨幣の価値が上がっていくならば、人々は、モノよりもカネを欲しがるようになります。

消費者は、モノを買わないで、カネを貯め込む。企業は、投資をしないで、貯蓄（内部留保）を増やす。

こうして、貨幣価値が上昇するデフレになると、消費や投資は、ますます減退していきます。

もしインフレであれば、貨幣の価値が下落していくので、人々はカネよりもモノを欲しがるようになります。つまり、消費や投資が積極的に行われるようになります。こうして、経済は成長する。

ただし、インフレが行き過ぎて貨幣の価値が暴落してしまったら、それも問題です。お札が単なる紙切れになってしまったら、経済が成り立たなくなる。これがハイパーインフレです。

ハイパーインフレはよくありませんが、しかし、マイルドなインフレであれば、経済を成長させます。経済成長には、適度なインフレが必要なのです。

さて、日本は、１９９８年からずっとデフレです。

デフレこそが、平成の日本が成長しなくなった最大の原因であることは明らかです。

「合成の誤謬」

デフレの中では、モノが売れない不景気なので、個人や企業は、みな、消費も投資も手控えてしまいます。それどころか、せっせと節約に励むでしょう。それ自体は、まったくもって経済合理的な行動です。しかし、経済全体で見ると、個人や企業が支出を減らしたら、需要が縮小して、デフレはますますひどくなります。楽になろうと節約したら、かえって苦しくなったというわけです。

節約という、人々が苦しさを乗り切ろうとしてとった合理的な行動が、経済全体で見ると、需要を縮小させ、人々をさらに苦しめるという不条理な結果を招く。

このように、ミクロ（個々の企業や個人）の視点では正しい行動でも、それが積み重なった結果、マクロ（経済全体）の世界では、好ましくない事態がもたらされてしまう。こういう現象を、「合成の誤謬《ごびゅう》」と言います。

デフレ下での支出の切り詰めという正しい行動が、さらなる需要縮小を招き、デフレが続く。この現象は、まさに「合成の誤謬」です。

このデフレという「合成の誤謬」を回避するためには、誰かが、デフレなのに支出を拡大するという経済非合理的な行動を起こさなければなりません。しかも、経済全体の需要不足が解消できるくらい、大規模に消費や投資を行うことのできる「誰か」です。

その大規模に経済非合理的な行動を起こすことができる「誰か」こそ、政府にほかなりません。

デフレ脱却には、政府による消費や投資の拡大が必要になるのです。

デフレ対策とインフレ対策

経済成長にとって望ましいのは、デフレを阻止し、マイルドなインフレを維持することです。

政府は、デフレにならないよう、かといってインフレにもなり過ぎないよう、経済政策を操って、うまく舵取りをする必要があります。

インフレは「需要過剰／供給不足」の状態。したがって、需要を抑制し、供給を強化するのがインフレ対策です。

反対に、デフレは「需要不足／供給過剰」の状態。需要を拡大し、供給を抑制することがデフレ対策になります。

インフレとデフレとは、正反対の現象なのですから、その対策も正反対になります。

整理すると、**表1**のようになります。

この**表1**から明らかなように、平成の日本はデフレであるにもかかわらず、（金融緩和を除き）インフレ対策をやってきました。

日本がデフレから脱却できなくなってしまったのは、政府がデフレなのにインフレ対策をやり続けるという愚を犯したからなのです。

インフレ対策（「小さな政府」、財政健全化、規制緩和、自由化、民営化、グローバル化）の背景にあるイデオロギーは、「新自由主義」と呼ばれます。

反対に、デフレ対策（「大きな政府」、産業保護、労働者保護）のイデオロギーは、「民主社会主義」と呼ばれます。

表1◎経済政策の基本的な二分類

インフレ対策とデフレ対策は、政策の方向性が正反対になる。

現象	インフレーション	デフレーション
原因	需要 ＞ 供給	供給 ＞ 需要
対策	需要抑制／供給強化	需要刺激／供給抑制
政策目標	物価安定・賃金抑制	雇用の確保・賃金上昇
政策（需要対策）	小さな政府 緊縮財政 増税 金融引き締め	大きな政府 積極財政 減税 金融緩和
政策（供給対策）	競争促進・生産性の向上 自由化、規制緩和、民営化、 労働市場の流動化 グローバル化の促進	競争抑制 規制強化、国有化 労働者の保護 グローバル化の抑制
イデオロギー	新自由主義	民主社会主義
時代	1970年代	1930年代、現在

新自由主義で有名なのは、1980年代のイギリスのサッチャー政権やアメリカのレーガン政権です。サッチャー政権やレーガン政権が新自由主義路線をとったのは、当時のイギリスやアメリカがインフレで悩んでいたからです。

平成に入ってからの日本は、このインフレ対策である新自由主義を理想とする改革を断行してきました。平成の日本が、デフレから脱却できなくなり、経済の停滞が続いたのも、当然なのです。

貨幣についての正しい理解(「現代貨幣理論」)

デフレとは貨幣の価値が上昇する現象ですから、貨幣の供給量を増やすと、デフレはおさまるはずです。

その貨幣には、「現金通貨」と「預金通貨」があります。現在では、貨幣のほとんどが「預金通貨」であって、現金通貨はわずかにすぎません。

その預金通貨(銀行預金)を創造するのは、銀行です。いわゆる「信用創造」です。

ここで、重要なポイントは、「預金は、銀行が貸出しを行うと創造される」のだということです。

よく誤解されるように、銀行は、預金を集めて貸出しを行うのではありません。その逆が正しいのです。

例えば、銀行は企業に1000万円を貸し出すのに、手元に1000万円の資金をもっている必要はありません。銀行員は、企業の返済能力を審査した上で、返済できると認めたなら、その企業の銀行口座に1000万円と記帳する。銀行員がコンピュータのキーボードを叩くだけで、企業に1000万円の預金が生まれるのです。

ですから、銀行の貸出しは、銀行の保有する資金量の制約は受けません。貸出しに制約があるとすれば、それは借り手の返済能力です。

借り手の資金需要があれば、銀行は貸出しを行うことができ、銀行による貨幣(預金)の創造が可能になります。逆に、借り手に資金需要がなければ、貸出しもできず、銀行による貨幣供給もできません。

なお、銀行は、いざという時の現金通貨の引き出しに備えて、中央銀行に一定額の準備預金（日本の場合は、「日銀当座預金」）を設けておかなければならないと法令によって決められています。

いわゆる「量的緩和」とは、中央銀行が現金通貨と準備預金の合計である「マネタリー・ベース」の量を増やすという政策です。しかし、マネタリー・ベースを増やしただけでは、貨幣供給量は増えません。

なぜなら、貨幣供給量を増やすのは、借り手の資金需要だからです。

デフレ下で貨幣供給量を増やすためには、政府が資金需要を拡大するしかありません。すなわち、財政出動です。

財政政策とは、貨幣供給量を操作する金融政策でもあるのです。

ところで、通貨は、なぜ価値があるものとされているのでしょうか。

これについて「現代貨幣理論（ＭＭＴ）」という理論は、次のように論じます。

まず、国家は、国民に対して納税義務を課し、「通貨」を納税手段として法令で決めます。すると、国民は、国家に通貨を支払うことで、納税義務を履行できるようになります。

その結果、通貨は、「国家に課せられた納税義務を解消することができる」という価値をもつこととなります。

その価値ゆえに、通貨は国民に受け入れられ、財・サービスの取引や貯蓄など、納税以外の目的においても広く使用されることとなるわけです。

財政に関する正しい理解(「機能的財政論」)

日本は、巨額の財政赤字を抱えています。GDPに占める政府債務残高は、平成30年度には、ついに240%近くにまで迫っており、主要先進国と比較しても、最悪の水準になっています(図2)。

これは、財政危機にあるギリシャやイタリアよりも、はるかに大きい値です。

それにもかかわらず、日本は財政破綻に陥っていません。

これは、なぜなのでしょうか。

よくある答えは、「民間部門に貯蓄がたっぷりあって、それが日本国債を買っているからだ」というものです。この答えに続いて、「でも、いずれ民間部門の貯蓄が減っていけば、日本は財政破綻してしまう。だから、今から、財政赤字を減らす努力が必要だ」という主張が出てきます。

しかし、これは間違いです。

銀行の貸出しが銀行の資金量の制約を受けないように、民間金融資産は、国債の発行制約ではありません。

そもそも、財政赤字は、それと同額の民間貯蓄を生み出すのです（特別付録①参照）したがって、財政赤字の拡大で民間金融資産が不足することなどあり得ないのです。

また、政府は、自国通貨発行権を有するので、自国通貨建て国債が返済不能になることは、理論上あり得ないし、歴史上も例がありません。

財政破綻（債務不履行）の事例は、自国通貨建てではない国債に関するものです。自国通貨建て国債が返済不能になることはないので、財政赤字の大きさ（対ＧＤ

図2◎債務残高（対GDP比）の国際比較

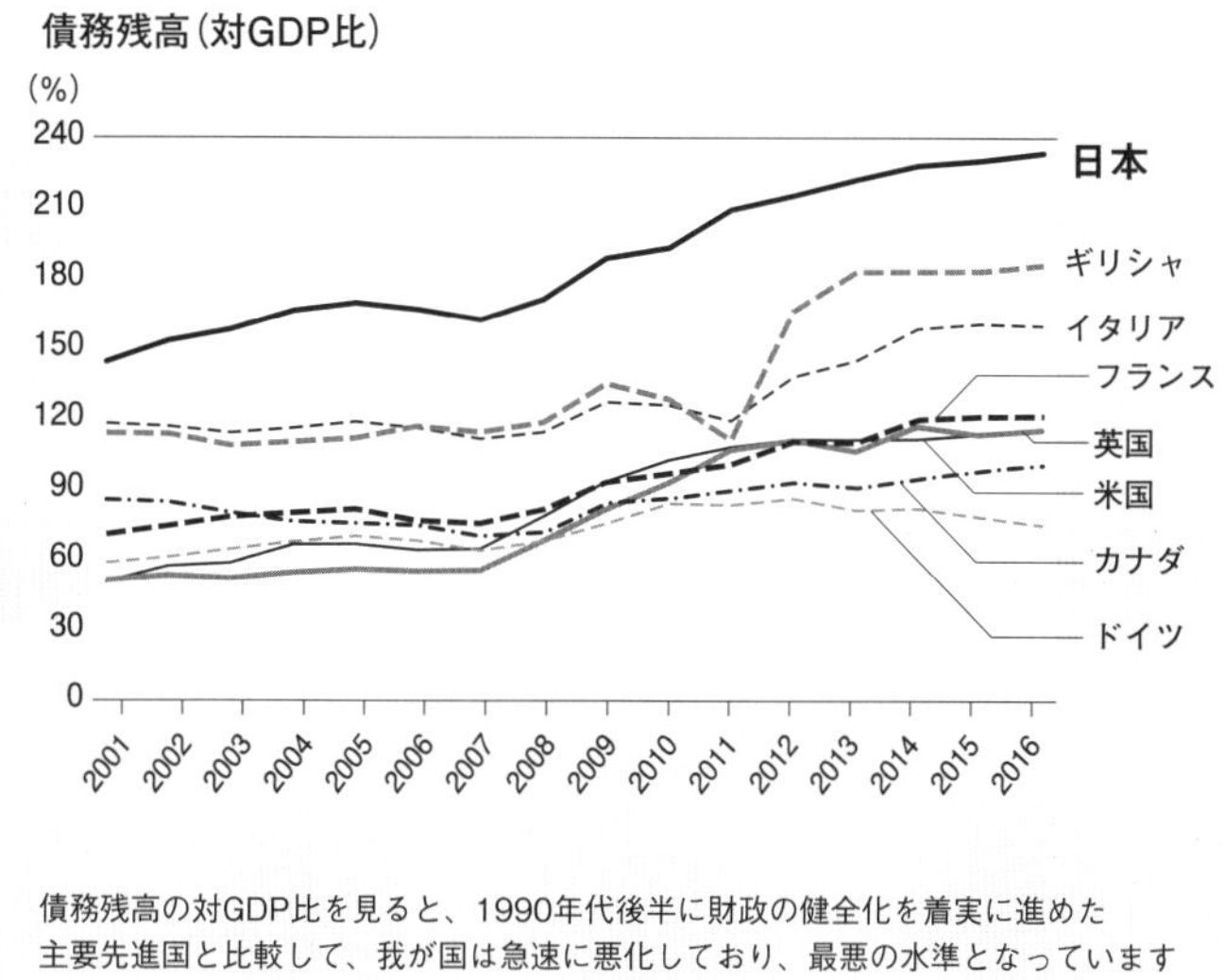

債務残高の対GDP比を見ると、1990年代後半に財政の健全化を着実に進めた
主要先進国と比較して、我が国は急速に悪化しており、最悪の水準となっています

出典）財務省HPより抜粋

Ｐ比政府債務残高など）は、財政危機とは関係がありません。

財政赤字を拡大し続けると、いずれインフレになります。そのインフレが過剰になった場合には、その時こそ、歳出削減や増税によって、財政赤字を縮小させる必要があります。

つまり、財政赤字の大小を判断するための基準は、インフレ率（物価上昇率）なのです。インフレ率が高ければ、財政赤字が大きい。逆にインフレ率がマイナス（デフレ）であれば、財政赤字が足りない。そう判断すべきなのです。

さて、平成日本は、ずっとデフレでした。ということは、平成日本の財政赤字は大き過ぎたのではなく、小さ過ぎたということです。

通貨発行権を有する政府は財政破綻に陥りません。ということは、政府は、税によって財源を確保する必要がないということです。

したがって、税は、財源確保の手段ではありません。物価調整や所得再分配など、経済全体を調整するための手段なのです。

財政赤字の拡大による金利の高騰を心配する声があります。

しかし、財政赤字の拡大は、それと同額の民間貯蓄の生むので、貯蓄不足による金利の上昇を引き起こしません。

もちろん、デフレを脱却すれば金利は上昇します。しかし、それはむしろ、歓迎すべき状態でしょう。

仮に、金利の高騰がどうしても心配であれば、中央銀行が国債を購入すれば、金利の上昇は容易に抑制できます。

財政赤字は削減できるか

誰かの債務は、別の誰かの債権です。

誰かの赤字は、別の誰かの黒字です。

したがって、単純化して言えば、政府部門の赤字は、民間部門の黒字です。

海外部門も含めて考えるならば、「国内民間部門の収支＋国内政府部門の収支＋海外部門の収支＝0」となります。

国内政府部門の赤字は、「国内民間部門＋海外部門」の黒字を意味するのです。

１９８０年代後半から１９９０年までのバブル期に政府債務が減ったのは、民間債務の過剰の裏返しにすぎません。

政府部門の黒字がバブルを意味していたのだとするならば、「財政健全化」は「経済不健全化」を意味するということになるでしょう。

日本政府は財政健全化を目指しながら、なかなか達成できません。しかし、それは、財政健全化が無駄な努力だからなのです。

政府は、確かに税率を上げられます。しかし、肝心の税収は、「税率×国民所得」であり、国民所得は景気次第です。

したがって、政府が税率を上げても、税収を思い通りに増やすことはできません。それどころか、増税はむしろ景気を悪化させるので、税収を増やすことには失敗するでしょう。財政支出の削減も同じです。

したがって、財政健全化の努力は、やるだけ無駄です。

財政健全化の努力は、デフレ下では、むしろ、やってはいけません。

そもそも、財政政策の目的は、「財政の健全化」ではなく、「経済の健全化（デフレからの脱却）」でなければならないのです。

グローバリゼーションの真実

主流派経済学者は、「自由貿易は、それを行う国々にとって利益となる」と信じて疑いません。

しかし、主流派経済学の貿易理論（「リカードの定理」など）や、貿易自由化の効果を試算する経済モデル（CGEモデル）は、現実にはあり得ない前提を置いて、自由貿易が利益をもたらすという結論を導くように細工された代物にすぎません。

これらの理論や経済モデルは、例えば「貿易自由化の結果、ある産業部門において失われた雇用があったとしても、それは瞬時に別の産業部門における雇用によって置き換わるので、失業者は出ない」という前提を置いているのです。

しかし、そんなことは現実にはあり得ません。現実の世界では、ある産業で失業した労働者が、別の産業で仕事に就くのは、大変に難しいのです。

歴史的に見ても、自由貿易が経済成長をもたらすかどうかは自明ではありません。例えば、1860～92年のヨーロッパは自由貿易体制にあり、特に1866～77年は貿易自由化のピークでしたが、この時期のヨーロッパは大不況の真っ最中でした。

他方、当時のアメリカは、世界で最も保護主義的な国家でしたが、目覚ましい発展を遂げ、経済大国へとのし上がりました。

大陸ヨーロッパ諸国は、1892～94年に景気回復期に入りましたが、この時期は、各国が保護主義化した時期と一致しています。しかも、この時期の貿易はむしろ拡大していました。それどころか、最も保護主義的な措置をとった国々において、最も急速に貿易が拡大していました。他方、この時期、自由貿易に固執していたイギリスは、不況に苦しんでいました。

第二次世界大戦が終わった後、西側世界では、GATT（関税と貿易に関する一般協定）が締結され、このGATTの下で貿易自由化が進められました。

このGATTの下での貿易自由化は、今日の水準と比べると、かなり緩いものでした。

貿易自由化の対象とされたのは、もっぱら工業分野でした。農業分野やサービス分野は、今と違って、基本的に自由化の対象外とされていました。

工業分野においてすら、各国には貿易自由化による激変を緩和するための例外措置が広く認められていました。

また、この頃は、国際資本移動は規制されていたのです。

さらに、各国は、貿易自由化によって不利益を被る産業や階層に対して、補助金の給付や福祉政策などの補償的な措置を講じ、その悪影響を小さくしていました。

このため、この頃は、貿易自由化が進めば進むほどに、政府の規模が小さくなるのではなく、逆に大きくなるという現象が見られました。

戦後に成功を収めたとされるＧＡＴＴの下での貿易体制は、「自由貿易」というよりはむしろ、「管理された自由貿易」あるいは「マイルドな保護貿易」と言うべきでしょう。

ところが、１９８０年代以降、新自由主義のイデオロギーの下で、貿易自由化はより進められるようになり、国際資本移動も自由化されていきました。

1995年には、世界貿易機関（WTO）が設立されました。このWTOの下で、貿易自由化の対象は、農業やサービス分野まで拡大しました。その一方で、政府による管理や保護は大幅に後退させられました。本格的なグローバリゼーションの時代の到来です。

しかし、その結果は、どうなったのでしょうか。

世界経済の平均実質成長率は、1950〜73年は4・8％でした。これに対して、1980〜2009年では、3・2％でした。先進諸国の成長率も、1980年以降のほうが鈍化しています。貿易自由化がより徹底された時代のほうが、経済成長しなくなっているのです。

また、1980年以降の先進諸国では、格差が拡大しました。とりわけ、イギリスやアメリカの格差拡大の水準は、戦前のレベルにまで達しています（図3、図4）。

図3◎アングロ・サクソン諸国での所得格差 1910−2010年

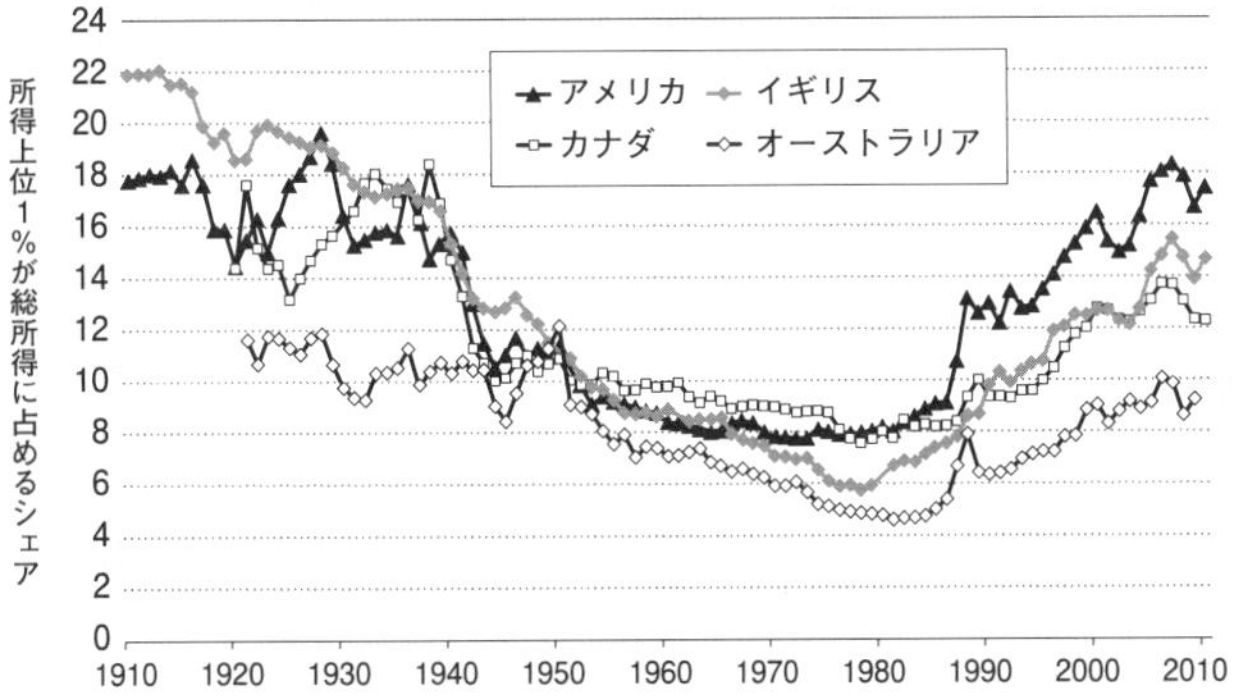

出典)トマ・ピケティ『21世紀の資本』みすず書房、2014年 図9-2(一部修正)

図4◎大陸ヨーロッパと日本での所得格差 1910−2010年

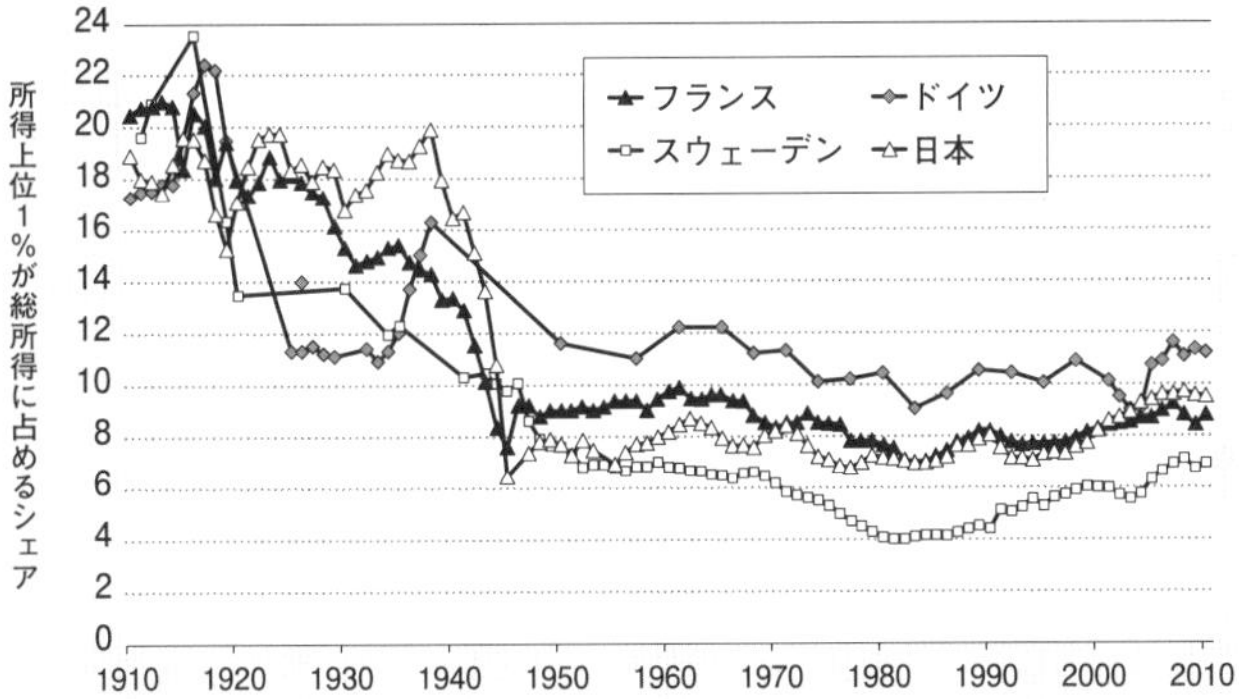

出典)トマ・ピケティ『21世紀の資本』みすず書房、2014年 図9-3(一部修正)

主流派経済学の非現実性

２０１８年のノーベル経済学賞受賞者のポール・ローマー氏は、受賞の2年前の講演で、「主流派経済学は、過去30年間で、進歩するのではなく、退歩した」と厳しく批判しました。

ローマー氏が特に批判したのは、主流派経済学において30年前から流行している「ＤＳＧＥモデル（動学的確率的一般均衡モデル）」という理論モデルです。

この理論モデルは、「一般均衡理論」を基礎にしています。

一般均衡理論は、「供給は、常に需要を生み出す」という「セーの法則」を前提としています。しかし、「セーの法則」は、生産物が他の生産物と交換される「物々交換」の世界で成り立つ法則にすぎません。

つまり、一般均衡理論は、貨幣のない物々交換の世界を想定しているのです。

貨幣のない世界を想定した理論モデルを使って平気でいるようだから、主流派経済学は「退歩」したと言われて当然なのです。

供給が常に需要を生み出す「セーの法則」が成り立つならば、財政政策で需要を創出するのは無意味です。また、グローバリゼーションが供給を過剰にして、失業をもたらすなどということも、あり得ません。

主流派経済学者たちが、財政健全化やグローバリゼーションが正しいと信じて疑わないのも、彼らが「セーの法則」や「一般均衡理論」を信じ込んでいるからなのです。

このように、財政政策、金融政策、貿易政策に関して、世の中で一般的に信じられている俗説、マスメディアが流す議論、経済学者や政府の見解の多くは、基本的なところから間違っています。だから、平成の日本経済は、成長しなくなってしまったのです。

以上が、『目からウロコが落ちる　奇跡の経済教室【基礎知識編】』の要約です。

この知識を踏まえた上で、いよいよ、『全国民が読んだら歴史が変わる　奇跡の経済教室【戦略編】』の本編に入ることといたしましょう。

まずは、成長戦略について論じます。

特別付録①

よく分かるMMT（現代貨幣理論）入門

MMTとは何か

マスメディアに登場する経済学者や政策当局は、MMTを「過激な主張」「トンデモ理論」などと小バカにしています。

しかし、実際には、MMTは極めて論理的であり、かつ事実に基づいた正しい経済理論です。MMTをバカにする人たちは、MMTについてよく知らないで言っているのです。MMTを正しく理解することは、大変重要です。そこで、MMTについて簡単に説明しておきましょう。[注1]

MMT（Modern Monetary Theory）は、その名にmonetaryとあるように、「貨幣」か

ら出発する理論です。

現代の世界では、私たちは、金貨や銀貨ではなく、一万円札など、単なる紙切れに過ぎない「お札」を「お金」として使ったり、貯め込んだりしています。

単なる紙切れの「お札」が、どうして「貨幣」として使われるのでしょうか。

この問いに対して、ＭＭＴは、次のように明快に答えます。


まず、政府は、通貨（円、ドル、ポンドなど）を法定する。

次に、国民に対して、その通貨の単位で計算された納税義務を課す。

そして、政府は、通貨を発行し、租税の支払い手段として定める。

これにより、通貨には、納税義務の解消手段としての需要が生じる。こうして人々は、通貨に額面通りの価値を認めるようになり、その通貨を、民間取引の支払いや貯蓄などの手段としても利用するようになる。こうして、通貨が流通するようになる。

注1　L. Randall Wray, Modern Money Theory: A Primer on Macroeconomics for Sovereign Monetary Systems, Palgrave MacMillan,2012.

要するに、人々がお札という単なる紙切れに通貨としての価値を見出すのは、その紙切れで税金が払えるからなのです。

さて、ここからがMMTの本当に面白いところです。

論理的に考えてみましょう。

そもそも、政府が、国民から税を徴収するためには、国民が事前に通貨を保有していなければなりませんね。

では、国民は、その通貨をどこから手に入れたのでしょうか?

言うまでもなく、通貨を発行する政府からです。

ということは、政府は徴税する前に支出して、国民に通貨を渡していなければならないということになるはずです。国民に通貨を渡す前に、徴税することはできないからです。

ということは、政府支出が先にあって、徴税はその後だということになります。

こういう論理によって、MMTは、驚いたことに「政府は、支出のための財源として、事前に税を徴収する必要はない」ということを示したのです。

政府支出の実態

政府支出は、税による財源確保を必要としないだって！

いったい、これは、本当なのでしょうか？

それを確かめるために、政府支出がどのように行われているのかを確認してみましょう。

(1)政府支出の基本原理

まず、政府は、中央銀行にのみ口座（日本であれば「日銀当座預金」）をもっています。日本銀行とは、「日本政府の銀行」なのです。

また、民間銀行も、日本銀行に「日銀当座預金」を開設する義務があります。日本銀行は、「銀行の銀行」でもあるのです。

さて、以上を踏まえた上で、「日本政府が、公共事業を行うために、建設会社Aに対して10億円を支払う」という例を考えてみましょう。

なお、この日本政府と建設会社Aの取引は、建設会社Aの取引先の民間銀行αが仲介するということにしましょう。

この例の場合、日本政府が10億円支出すると、建設会社Aが開設した民間銀行αの口座の預金が10億円だけ増やされ、それと同時に、民間銀行αの日銀当座預金も10億円増やされることになります。

なお、このオペレーションは、今日、すべて電子システム上の処理によって行われています。

ちなみに、政府が税を徴収する場合のオペレーションは、支出の場合とは逆になります。つまり、納税者の取引先の民間銀行の口座から納税額分の預金が減らされ、その民間銀行の日銀当座預金もまた、同額だけ減らされるという電子システム上の処理が行われるのです。

さて、先ほどの公共事業の例を、再度、確認してみましょう。

政府支出は、その支出額と同額だけ、民間預金と日銀当座預金の両方を増やしていますね。

では、この例において、日本政府は、最初に支出した10億円は、いったい、どこから調達してきたのでしょうか?

答えは、日本政府自身が作り出したのであって、他のどこからでもありません！

日本政府は、コンピューターのキーを叩いて、何もないところから10億円という通貨を創造したのです。

ですから、日本政府は、財政支出を行うにあたって、税によって財源を調達する必要はないのです。

それだけではありません。日本政府は、本当は、国債を発行して財源を調達する必要すらないのです。そもそも、政府は、自国通貨を発行できます。ですから、その自国通貨を他者から借りる必要などないではないですか！

もしそうだとしたら、では、どうして日本政府は、わざわざ国債を発行しているのでしょうか？

先ほどの建設会社Aに対する政府支出の例で考えてみましょう。

この例の場合、民間銀行αの日銀当座預金は10億円分増えています。

しかし、民間銀行の日銀当座預金（準備預金）の最低必要額は、法律によって決められています（いわゆる「準備預金制度」です）。

準備預金が最低必要額を超えてしまうと、金利が下がることになります。そこで、政府は、望ましい金利の水準を維持するため、国債を民間銀行に売却して、超過分の準備預金10億円を吸い上げるのです。

つまり、政府がなぜ国債を発行するのかと言えば、それは金利を調節するためなのです。国債は、財源確保のためには必要ないが、金利を調節するためには必要なのです。

まとめましょう。

①政府が支出を行うと、支出額と同額分だけ、民間事業者の預金が増え、同時に、民間銀行の日銀当座預金もまた、同額だけ増える。

②そうすると、日銀当座預金の超過が生じて、金利が低下するため、政府は、国債を発行して、民間銀行に売却し、金利の水準を維持する。

③その結果、財政支出は、それと同額だけ民間部門の預金を増やし、金利は不変となる。

（2）政府支出の実際

（1）は、財政支出の仕組みをやや単純化して説明していますが、実際のオペレーションは、もう少し複雑です。

というのも、実際には、例えば、予算執行の前に国債が発行されるとか、日本銀行が国債を政府から直接引き受けることは法律で原則禁止されているとかいった、さまざまな制度上の制約が課せられているからです。

こうした制約が本当に必要なのかどうか、疑問の余地はあります。しかし、仮にこうした制約があった上で政府支出を行ったとしても、結果は（1）の場合と同じなのです。

具体的に見てみましょう（『目からウロコが落ちる　奇跡の経済教室【基礎知識編】』第六章参照）。
①政府は赤字財政支出を行うにあたり、国債を新規に発行して、民間銀行に売却する。
なお、民間銀行が新規発行国債を購入するためには、あらかじめ日銀当座預金を有している必要がありますが、この日銀当座預金を供給したのは、日銀です。
②民間銀行が新規発行国債を購入すると、その購入額分だけ、民間銀行の日銀当座預金が減り、政府の日銀当座預金が増える。
③政府が財政支出を行うと、支出額と同額分だけ、民間事業者の預金が増え、同時に、民間銀行の日銀当座預金もまた、同額だけ増える。つまり、②で減った分が戻ってく

るので、民間銀行の日銀当座預金の総額は、最終的には不変である。
④その結果、財政支出は、それと同額だけ民間部門の預金を増やし、金利は不変である。

これが政府支出の実態です。

さて、（1）③と（2）④とを比べてみてください。結局、同じ結果になっていますね。

つまり、いずれの場合も、財政支出は、それと同額だけ民間部門の預金を増やしており、そして、金利の水準は維持されているのです。

この結果から、極めて大事なことが分かります。

それは、「政府の財政赤字をファイナンスしているのは、民間貯蓄ではない」ということです。

実際の財政支出（（2））では、確かに、民間銀行が国債を購入してから、政府支出が行われてはいます。

しかし、民間銀行は、民間部門から集めてきた預金ではなく、日銀が供給した日銀当座預金によって国債を購入しているのです（（2）の①）。

ですから、民間貯蓄は、政府支出の原資ではない。その逆に、政府支出が、それと同額の民間貯蓄を増やしているのです（(2)の③）。

租税は、何のためにあるのか

このように、自国通貨を発行する政府は、税を徴収して財源を確保する必要はありません。そして、実際に、税で財源を確保することなく、政府支出を行っています。

では、政府は、何のために税を徴収するのでしょうか。

すでに述べた通り、政府が納税義務を法定すると、その支払い手段である通貨に対する需要が生み出されます。徴税のおかげで、通貨に相応の経済的価値がもたらされるのです。

また、その結果として、政府は、通貨を支払うことで、政策目的の達成に必要な財・サービスを民間部門から調達できるようになります。

例えば、政府が川に橋を架けたいと思えば、建設会社に通貨を支払うことで、橋を架けることができます。あるいは、政府がジェット機を欲しいのならば、航空機メーカーに通貨を支払えば、ジェット機を手に入れられます。

また、政府が、民間に何かの仕事を頼んで、その対価として通貨を支払うことで、仕事を生み出し、失業や貧困を減らすこともできます。いわゆる景気対策です。

租税は、実は、物価を調整する手段でもあります。

例えば、租税が重ければ、納税のための需要が増えて通貨の価値が上がることから、人々はモノよりもカネを欲しがるようになります。そうすれば、物価は下がる。

言い換えれば、増税は、デフレ圧力を発生させるということです。

逆に、租税を軽くすれば、今度は、納税のための需要が減って通貨の価値は下がります。インフレ圧力が発生するというわけです。

このようにして、政府は、税負担を操作することで、物価を上下させることができるのです。

他にも、租税は、さまざまな政策目的を達成する手段として必要です。

例えば、累進所得税によって、富裕層により重い税負担を課すことで、所得格差が是正されます。この場合の租税は、格差是正の手段です。

あるいは、温室効果ガスの排出に対して炭素税を課すと、温室効果ガスが抑制されるでしょう。抑制させるべきものや減少させるべきものに課税することで、それが可能となるのです。

このように、租税とは、国民経済を調整して、望ましい姿にする政策のために必要なのです。

これまで、消費税の増税は、社会保障の財源確保のためだと説明されてきました。しかし、ＭＭＴが明らかにしたように、税は、財源確保の手段ではありません。

さて、炭素税の例でも明らかなように、温室効果ガスのような「望ましくないもの」「減らしたいもの」に課税をすると、それを抑制することができます。

そうであるならば、消費税は、何を抑制するのでしょうか？　当然、消費を抑制します。

ところで、長期デフレで消費が減り続けている日本で、消費は、「望ましくないもの」「減らしたいもの」なのでしょうか？

第2章 二つの成長戦略

「アメ型」成長戦略

あまり知られていませんが、一国の成長戦略には、二つのタイプがあります。

一つは、賃金の上昇によって経済成長を実現しようという「賃金主導型」成長戦略です。

そして、もう一つは、企業の利潤の増加によって経済成長を実現しようという「利潤主導型」成長戦略です。

この「賃金主導型」成長戦略と「利潤主導型」成長戦略を、アメリカの経済学者デイヴィッド・M・ゴードンにならって、それぞれ「アメ型」成長戦略（「ハイ・ロード」）と「ムチ型」成長戦略（「ロー・ロード」）と呼んでおきましょう。注2

それぞれの成長戦略の概要について、まず「アメ型」（「賃金主導型」）から説明しましょう。

「アメ型」成長戦略とは、賃金の上昇を労働者に対するアメにして、国民経済全体を成長させようとするものです。

賃金を上昇させる主な要因の一つは、労働者が不足気味であることです。例えば、高度成長期の日本は慢性的な人手不足でした。少子高齢化が進んだ現在の日本も、人手不足です。ですから、今の日本は、本来であれば、賃金上昇のチャンスなのです。

人手不足に加えて、労働組合の交渉力が強いこともまた、賃上げをもたらします。

注2　デイヴィッド・M・ゴードン『分断されるアメリカ：「ダウンサイジング」の神話』シュプリンガー・フェアラーク東京、1998年

賃上げを要求する労働組合の強い圧力があれば、当然ながら、賃金は上昇するからです。

特に、人手不足で企業が困っている時は、労働者の売り手市場ですから、労働組合の交渉力は強くなりやすい。高度成長期の日本がまさにそうでした。

政府による労働者保護の規制が強いことも、賃上げの要因になります。最低賃金規制があれば、賃金は一定以下には下がりません。あるいは、解雇規制が厳しければ、企業は賃下げに応じない労働者の首を簡単に切ることができなくなります。

ただし、人手不足、強い労働組合、厳しい労働者保護規制は、いずれも、経営者側にとっては困ったことです。言うまでもなく、人件費がかさんでしまうからです。特に、安い労働力を使う海外の企業との競争にさらされている中では、企業の国際競争力が落ちてしまう。

経営者としてはできればコストカットしたいが、労働組合の力が強かったり、政府の規制が厳しかったりして、解雇も賃下げもできない。しかし、このままでは、国際競争で負けてしまい、生き残ることができない。

そこで、企業は生き残りを懸けて、人件費のカット以外の方法で、競争に挑みます。その方法とは、付加価値の高い製品を生産し、それで勝負することです。競争力のある高付加価値製品を生み出すため、企業は積極的に研究開発投資を行い、イノベーションを起こそうとします。

苦労してイノベーションを実現し、付加価値の高い製品を生み出すことに成功すれば、企業は競争に勝ち残り、利益を生み出すことができます。

ところが、利益が出たら、また労働組合が賃上げの要求をしてきます。そして、賃上げせざるを得なくなる。

その結果、企業は、再び、高付加価値製品の開発に取り組まなければならなくなる。これが、延々と続くわけです。

しかし、賃上げが続くことは、企業にとって悪いことばかりではありません。労働者の給料が上がり、所得が増えれば、消費も増えます。その結果、国全体で、大きな消費需要が生まれます。これは、企業にとってはありがたいことです。

こうしてできた消費需要に引っ張られるかたちで、企業は製品を売りまくり、利益を拡大し、さらなる賃上げに応じていく。

この好循環が回ることで、国民経済は成長を続けるのです。これが「アメ型」成長戦略です（図5）。

ちなみに、この賃上げが主導する「アメ型」成長戦略をとった国の経済は、言うまでもなく、インフレ気味になります。

第1章において、経済政策には、インフレ対策とデフレ対策があると述べました（表1）。

インフレ対策とは、需要を抑制するか、供給を拡大してデフレ圧力を発生させる政策です。

デフレ対策とは、需要を拡大するか、供給を抑制してインフレ圧力を発生させる政策です。

「アメ型」成長戦略とは、インフレ圧力を発生させるデフレ対策に該当します。

制約こそが成長の源泉

さて、この「アメ型」成長戦略には、注意してほしい点があります。

それは、強い交渉力をもつ労働組合の存在が、実は、経済成長の源泉となってい

図5◎「アメ(賃金主導)型」成長戦略

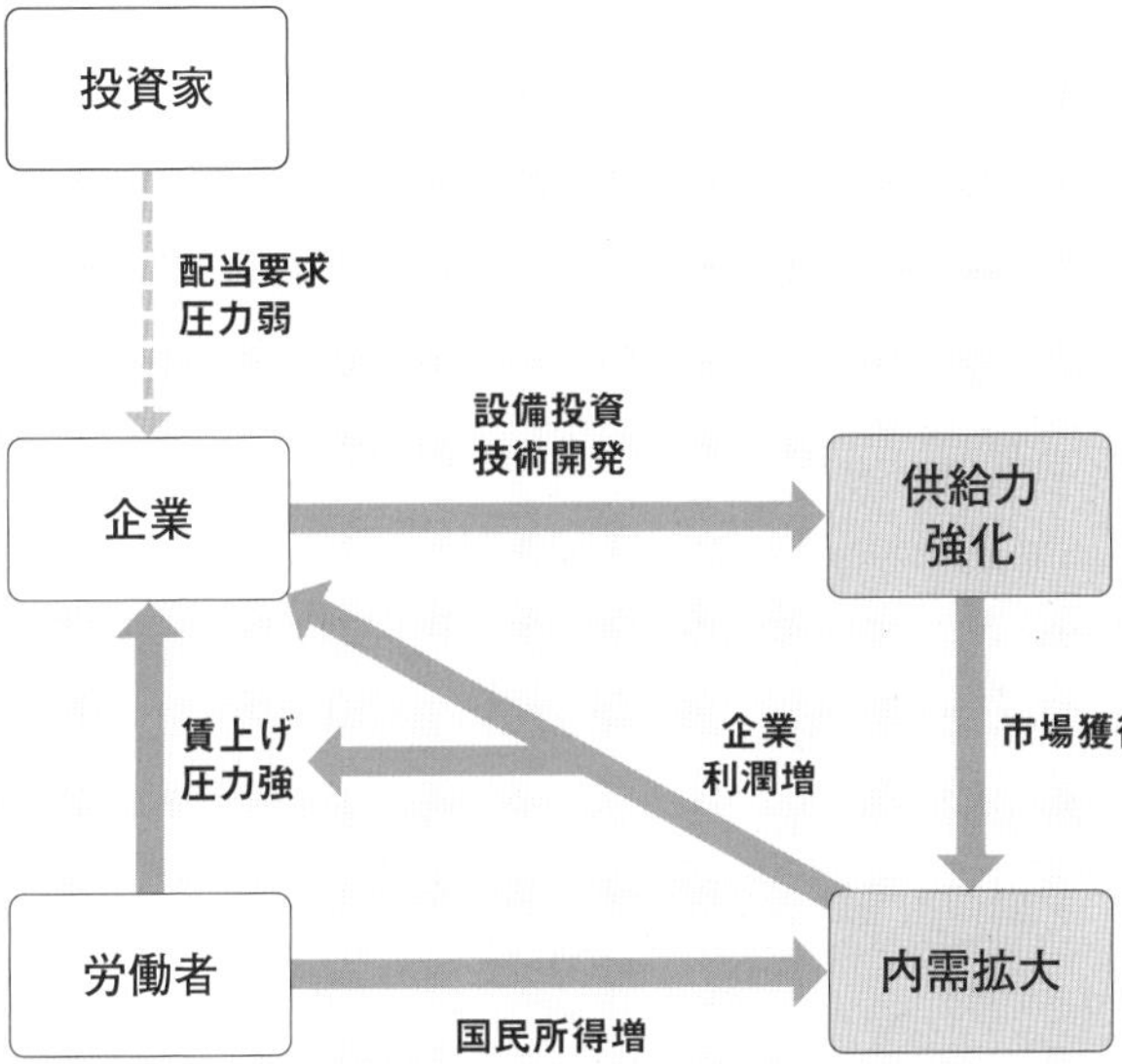

るということです。

企業にとってみれば、労働組合の力が強いことは、企業競争力の「制約」です。しかし、その「制約」があるからこそ、企業はイノベーションという苦難の道を選ばざるを得なくなるのです。

もし、労働組合の力が弱ければ、企業は失敗するかもしれない面倒な技術開発などしないで、さっさと労働者の首を切ったり、賃金を引き下げたりして、安易なコストカットに走っていたでしょう。

一言で言えば、労働組合の力が強いという「制約」こそが、イノベーションを盛んにする要因だということです。

また、賃上げによって労働者が豊かになることで、消費需要が大きくなり、国民経済が成長する。ただし、ここでも「制約」が重要になる。それは、国境という「制約」です。

もし、企業が簡単に工場を海外に移転させることができたり、海外から安い労働力を呼んでくることができたりするとしたら、どうでしょう？

言うまでもなく、企業は、労働組合の賃上げに応じるのをやめ、安い労働力のある国へと工場を移したり、海外から来る低賃金労働者を雇ったりして、コストカットすることができます。

しかし、もし、国境の壁が高くて、工場の海外移転や低賃金労働者の流入が困難であるならば、企業は労働組合の賃上げ要求に応じざるを得ないでしょう。

ここでもまた、企業を「制約」する国境の壁が、賃上げを可能にしています。そして、その賃上げがイノベーションを生む。

そうだとするならば、国境の壁という「制約」こそが、イノベーションと経済成長を生み出す仕掛けなのだということになります。

このように、「制約」という仕掛けを活用して経済を成長させるというのが「アメ型」なのです。

この「アメ型」成長戦略は、実際に行われていました。第二次世界大戦後から1970年代頃までの欧米先進国と日本です。

いわゆる戦後資本主義と呼ばれる経済システムは、「アメ型」成長戦略によって高い経済成長を実現していたのです。

「ムチ型」成長戦略

では、次に「ムチ型」（「利潤主導型」）成長戦略について見ていきましょう。

「アメ型」は、賃上げをアメにして、国全体の成長を促そうとする成長戦略でした。

これに対して、「ムチ型」成長戦略は、解雇や賃下げの脅しを労働者に対するムチにして人件費を抑制し、企業がより稼げるようにすれば、経済は成長するだろうと考えているのです。言うまでもなく、「アメ型」と「ムチ型」は、正反対の発想に基づいています。

「ムチ型」成長戦略について、より具体的に説明しましょう。

まず、企業の国際競争力を強化するためには、人件費を抑制し、効率化を徹底しなければなりません。そのためには、賃金は可能な限り抑制し、生産性の低い労働者は解雇できるようにする必要があります。

したがって、解雇や賃金抑制の「制約」となる労働者保護規制は、緩和・撤廃しなければなりません。それから、労働組合は弱体化させなければなりません。

労働関連の規制を緩和し、雇用を流動化させることは、賃金を抑制する上で、重要です。なぜなら、労働者が雇用機会を求めて互いに激しく競争すれば、賃金はおのずと上がらなくなるからです。

労働者保護の規制は弱める一方で、投資家の発言力は強めるような規制にすることも、効果的です。投資家の企業に対する発言力が強まり、投資家が「企業の利益は労働者に配分しないで、投資家にもっと還元しろ」と強く要求する。株価を下げたくない企業は、投資家の要求に応じざるを得ず、利益を労働者の賃金にではなく、投資家への配当へと回すでしょう。

グローバリゼーションは、賃金抑制のムチとして、決定的に強力です。なぜなら、海外から安い製品が流入し、海外企業との激しい国際競争にさらされれば、企業はいやがおうでも賃金を抑制せざるを得なくなるからです。

もっと効果的なのは、海外から低賃金労働者を移民として迎え入れてしまうことです。人手不足は賃金上昇の圧力になりますが、その人手不足を外国人労働者で埋め合わせてしまえばいいのです。労働組合が少しでも賃上げを要求しようものなら、海外から来た低賃金労働者を雇ってしまえばいい。

言い換えれば、グローバルなレベルで、労働者を競争させればいいということです。そうすれば、賃金は、少なくとも理論的には、世界で最も安い水準にまで下げられる。これを「底辺への競争」と言います。

あるいは、労働組合が賃上げを要求したり、政府が労働者保護規制を強化したりしようものなら、企業は「そんなことをしたら国際競争力が失われて会社がつぶれてしまうから、工場を海外に移転せざるを得なくなる」と脅します。それだけで、労働組合も政府も、要求を引っ込めるでしょう。

それでも足りなければ、実際に、工場を海外に移転してしまえばいい。日本国内の労働者の賃金が発展途上国並みに下がるまで、工場を海外に移転し続ければいいのです。

こうして「ムチ型」成長戦略の下、企業は「アメ型」の場合とは比較にならないほど、儲けることができるのです（図6）。

ちなみに、賃金抑制をもたらす「ムチ型」成長戦略の下では、当然ながら、経済はデフレ気味になります。

つまり、「ムチ型」成長戦略とは、デフレ圧力を発生させるインフレ対策に該当

図6◎「ムチ(企業利潤主導)型」成長戦略

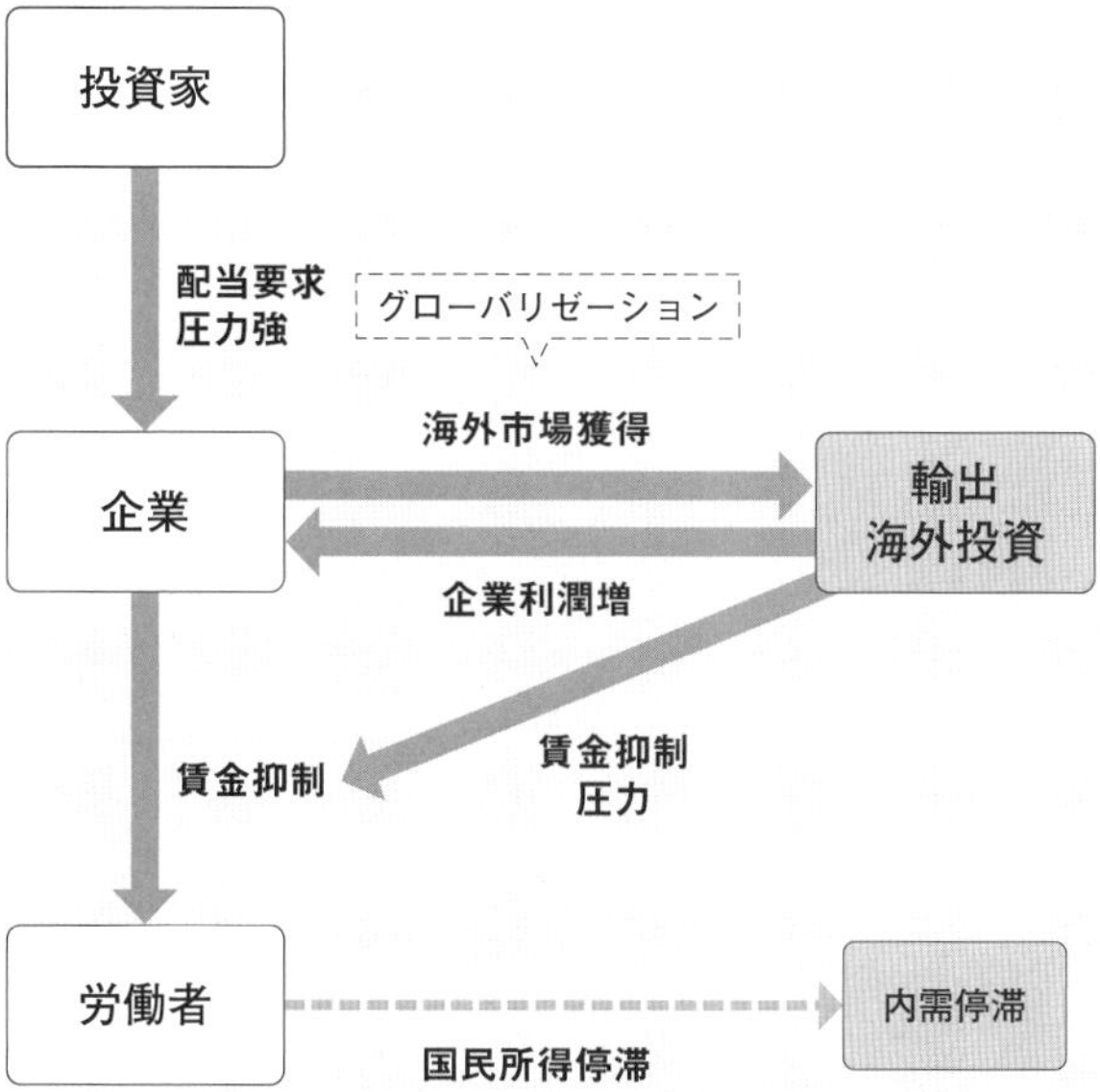

するのです（表1）。

さて、平成日本の経済政策は、デフレの中でインフレ対策をやるという愚を犯していました。成長戦略について言えば、平成の成長戦略とは、一貫して、デフレ圧力を発生させる「ムチ型」だったと言えるでしょう。

「ムチ型」では成長できない

この「ムチ型」成長戦略について、次のような疑問を抱いた方もおられるかもしれません。

『アメ型』では、賃上げによって個人所得が増え、消費需要が拡大したから、企業も恩恵を被った。しかし、『ムチ型』では、賃金は抑制されるから消費需要が伸びない。これでは、企業は困るのではないか？」

それが、企業はたいして困らないのです。

なぜなら、国内の消費需要が伸びないならば、そんな国内市場は捨てて、海外市場に打って出て、海外の需要を取り込めばいいからです。これこそが、グローバリゼーションというものです。

また、「アメ型」では、企業は人件費をカットできないので、国際競争力のある高付加価値製品の開発に賭けるしかなくなり、それがイノベーションを促しました。

これに対して、「ムチ型」では、企業は、国際競争力をつけるために、簡単に人件費をカットできるようになっています。成功するかどうかも分からない面倒な技術開発などに煩わされる必要はないのです。

「ということは、『ムチ型』では、企業は技術力がなくなり、いずれ国際競争力を失ってしまうではないか」と思われたかもしれません。ところが、そうはならない。「ムチ型」成長戦略の下での企業は、たっぷり儲け、資金を貯め込んでいます。その潤沢な資金を使って、大学や企業の特許を買ったり、技術力のある企業を買収したりすればいいのです。なにも、自前で技術開発するなどという手間のかかることをする必要はない。技術は、買ってくればいい。池井戸潤氏の小説『下町ロケット』に登場する中小企業のように、野暮ったく技術開発に励まなくとも、さっさとカネで解決すればいいというわけです。

したがって、少なくとも短期的な企業の利益のことだけ考えるならば、「ムチ型」成長戦略には、何の問題もありません。むしろ、企業や投資家にとっては、うれしい結果になります。

しかし、国民全体の利益のことを考えたら、どうでしょう。

労働者の給料は上がらず、一部の企業や投資家だけ儲かるのであれば、格差は拡大するでしょう。また、消費需要が伸び悩み、経済はデフレ気味になるので、経済全体は成長せず、停滞します。

「ムチ型」成長戦略を推奨する新自由主義者は、「一部の『勝ち組』企業だけが利潤を増やすのだとしても、いずれ労働者や他の企業もその利潤のおこぼれにあずかるから、経済全体が成長する」などと主張します。これは「トリクルダウン」と呼ばれています。

しかし、実際には、そうはうまくいきません。利潤を労働者に分配したら、労働コストが上がって、企業の競争力が損なわれるからです。また、配当を要求する投資家の圧力が強いので、やはり労働者には利潤を回せない。特に、貨幣価値が上昇するデフレの時であれば、企業は利潤を貯蓄に回さざるを得なくなる。「トリクルダウン」は起きない。一部の「勝ち組」企業がますます儲かり、格差が拡大するだけで、経済成長は望めないのです。

さらに、「ムチ型」成長戦略では、企業は自ら技術開発投資を行うことを怠り、技術を外から買ってきて間に合わせています。一企業としては、それでもいいのかもしれません。しかし、世界中の企業が同じことをやり始めたら、誰もイノベーションを起こさなくなるでしょう。

要するに、「ムチ型」成長戦略では、経済成長は持続しない。いずれ行き詰まるのです。

先ほど述べたように、第二次世界大戦後から1970年代頃までの先進国は、「アメ型」成長戦略によって成功を収めました。

ところが、1980年代からのアメリカやイギリス、そして1990年代以降の日本や大陸ヨーロッパ諸国の成長戦略は、「ムチ型」となりました。

例えば、1950年から1973年を「アメ型」期とし、1980年から2009年を「ムチ型」期として、両者を比較してみましょう。

ちなみに、「アメ型」期を1973年まで、「ムチ型」期を2009年までとしたのは、それぞれ石油危機と世界金融危機までの期間とするためです。つまり、「アメ型」成長戦略と「ムチ型」成長戦略の調子がよかったと言える時期同士で比較するのです。

さて、結果は、どうでしょうか。

「アメ型」期における世界経済の平均実質成長率は4・8%であったのに対し、「ムチ型」期においては3・2%でした。

各国の一人当たりGDPの平均成長率についても、「アメ型」期と「ムチ型」期を比較すると、イギリスは2・5%から2・1%、アメリカは2%から1・9%へと減少し、さらにフランスが4・0%から1・6%、ドイツが4・9%から1・8%、日本は8%から2・0%へと激減しています。

各国の平均失業率について見ると、「アメ型」期ではドイツが3・1%、イギリスが1・6%、アメリカは4・8%でしたが、「ムチ型」期では、それぞれ7・5%、7・4%、6・1%と、いずれの国においても大幅に悪化しています。[注3]

この結果に対して、「いやいや、戦後復興から高度成長した時期と、経済が成熟した１９８０年代以降を比べたら、成長率が下がるのは当然ではないか」と思われるかもしれません。

確かに、経済が成熟したら、成長率は下がるのかもしれない。

しかし、その一方で、次章で解説するように、１９８０〜90年代を境として、成長戦略が「アメ型」から「ムチ型」へと変わったのも事実です。

成長戦略が「アメ型」のままであったのならば、成長率の低下は経済の成熟で説明できたかもしれません。しかし、成長戦略が「ムチ型」へと変わった以上、それと経済パフォーマンスの悪化とは、どう考えても関係があるでしょう。

そして、企業をより儲けさせるために労働者をムチ打つ「ムチ型」成長戦略では、経済成長は達成できない理由は、これまで述べてきた通りです。

では、次に、「ムチ型」成長戦略として何が行われたのか、そして、その結果どうなったのかについて、アメリカと日本を例に具体的に見てみましょう。

注3　Robert Skidelsky, Keynes: The Return of the Master, Public Affairs, 2009, pp.113-123.

第3章
「ムチ型」成長戦略の帰結

アメリカの「ムチ型」成長戦略

「ムチ型」成長戦略を始めたのは、1980年代のアメリカです。

それは、どのようなものであったのか、振り返ってみましょう。

アメリカの企業と言えば、株主の発言権が強く、また労働者はすぐに解雇されるというイメージがあります。

それは、現在では、確かにその通りです。しかし、実は、1980年以前は、そうでもありませんでした。

第二次世界大戦後から1970年代までの「アメ型」期では、アメリカの企業でも、経営者が株主に対して優位に立ち、企業経営を主導していました。また、企業は従業員に対して長期にわたって安定した雇用を保障していました。企業は、賃金の抑制や解雇によるコストカットよりもむしろ、技術開発による生産性の向上によって、その競争力を生み出そうとしていたのです。

しかし、1980年以降は、「企業は、その所有者である株主の利益の拡大に努めるべきである」という株主重視の経営観や、「自由な株式市場は、企業の価値を効率的に決定し得る」という市場観が蔓延しました。そして、そのような考え方の下、金融市場や労働市場の改革が行われたのです。

例えば1982年、証券取引委員会が規則10b‐18を制定し、企業の自社株買いを容易にしました。また、公開会社の役員に対してストック・オプションの権利行使以降、対象証券を最低6ヶ月保有する義務を課すという規制が、1991年の証券法の規制緩和によって撤廃されました。

「ストック・オプション」とは、株式会社の経営者や従業員が、自社の株を一定の行使価格で購入できる権利のことです。

経営者がその給与の一部をストック・オプションでもつようになるということは、株価を上げることが経営者のインセンティブになるということを意味します。つまり、経営者は、利益の分配を労働者よりも株主への配当に回し、あるいは、自社株を買って株価を吊り上げることに使うようになるのです。それどころか、技術開発費とすべき資金ですらも、自社株買いに回すようになるでしょう。

例えば、2007年においては、上位500社合計で5950億ドルが自社株買いに投じられました。また、配当率（税引き後利益に占める株主への配当の比率）は1970年代までは4割程度でしたが、次第に上昇し、2008年には8割を超えました。

労働者の賃金を抑制するムチ政策もとられました。1991年の移民法の改正では、外国人労働者に対するビザの発給の規制緩和が行われ、安価な労働力が流入しやすくなりました。1994年には北米自由貿易協定（NAFTA）が発効し、その翌年には世界貿易機関（WTO）が発足、さらに2001年には中国がWTOに加盟しました。これにより、中国など海外から安い製品や低賃金労働者がアメリカに流入し、労働コストをさらに引き下げました。

また、企業は積極的な海外進出を行ったために、アメリカ国内の雇用は海外へと流出しました。さらに海外投資が増大し、国内投資が減ったことで、国内の雇用は減少し、国内の製造業の生産能力は失われました。

これは、企業経営者と労働者の所得格差をもたらしました。大企業200社のCEOと正規労働者の平均報酬の比率は、1980年には42対1でしたが、2000年には525対1にもなりました。世界金融危機によって株価が暴落した2009年ですら263対1もあったのです。[注4]

その結果、1980年代以降、アメリカの生産性は上がらなくなり（図7）、経済成長率は鈍化しました。家計の実質所得の中間値は、30年以上にもわたって、ほぼ横ばいで推移し、格差は戦前の水準にまで拡大してしまったのです。

こんなひどい状態にもかかわらず、アメリカの一般国民が生活できていたのは、

注4　William Lazonick, 'The New Economy Business Model and the Crisis of U.S. Capitalism', Capitalism and Society, Vol.4.2, 2009; William Lazonick, 'The Financialization of the U.S. Corporation: What Has Been Lost, and How It Can Be Regained', Seattle University Law Review, Vol.36, 2, 2013; William Lazonick, 'Profit Without Prosperity', Harvard Business Review, September, 2014.

その支出の財源を賃金にではなく、負債に依存するようになっていたからでした。アメリカのGDPに占める家計の負債は、1980年以前は5割を切っていました。それが、2001年には76%、2007年には100%にまで増えたのです。

この負債の激増の背景には、金融市場の異常な発達があります。

1980年代以降のアメリカは、金融規制の相次ぐ緩和によって、金融市場が肥大化していました。例えば、アメリカ経済における金融部門のGDP寄与度は1978年から30年間で、3・5%から5・9%へと伸びました。金融業界が保有する資産は、1980年にはGDP比で55%であったのが、2000年には95%にまで膨らんでいます。1980年から2005年までの間、非金融部門の利益の伸びは250%であったのに対し、金融部門の利益は800%も伸びています。[注5]

1980年代以降のアメリカでは、この金融市場の肥大化の結果、資産バブルが

注5　サイモン・ジョンソン、ジェームズ・クワック『国家対巨大銀行―金融の肥大化による新たな危機』、ダイヤモンド社、2011年、pp.79-113

図7◎アメリカにおける全要素生産性の停滞

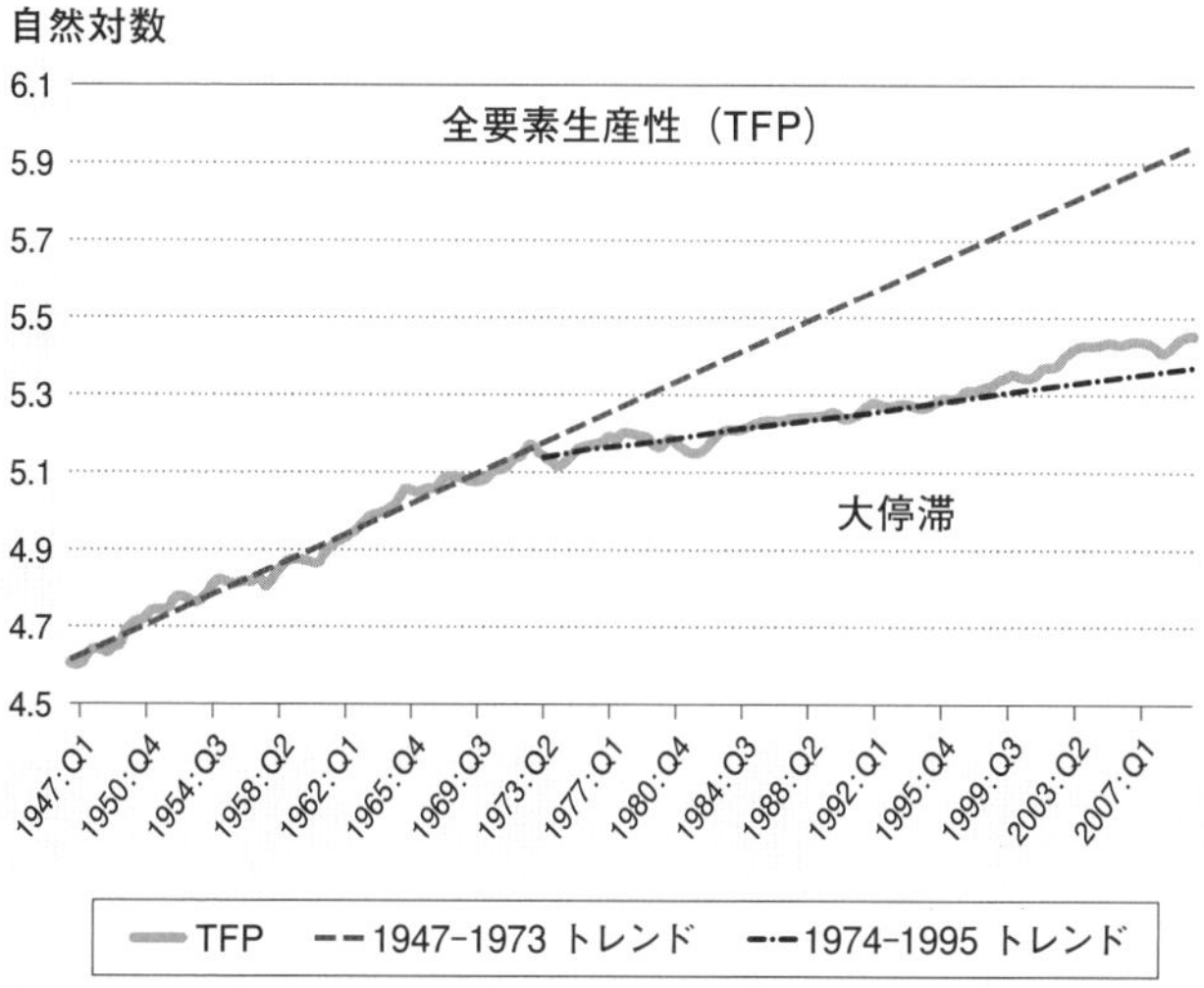

出典）Macro Musing Blog, February 11,2011.
http://macromarketmusings.blogspot.com/2011/02/great-stagnation-and-total-factor.html

起きやすくなっていました。

資産バブルが起きている間は、負債を増やしても問題はないように見えます。しかし、資産バブルは、いずれ崩壊します。それでも、金融緩和によって再びバブルを引き起こしてしまえば、負債は再び拡大し、景気は回復する。こうして、1980年代以降のアメリカ経済は、金融バブルとその崩壊を繰り返しながら、賃金上昇ではなく、負債の拡大に引っ張られた成長を続けました。

しかし、こんな歪んだ経済成長も、2008年の世界金融危機という巨大な金融バブルの崩壊によって終わりを告げました。後には、一般国民が抱える負債の山と低賃金だけが残りました。

アメリカの「ムチ型」成長戦略は、2008年の世界金融危機をもって失敗が明らかになったのです。

ところが、それにもかかわらず、2008年以降も、アメリカの経済のあり方は大きくは変わりませんでした。

日本の「ムチ型」成長戦略

1980年代以降のアメリカの「ムチ型」成長戦略は、アメリカを賃金が上昇しない国へと変えてしまいました。生産性の向上も経済成長も鈍化しました。その代わり、アメリカの大企業の経営者や投資家たちは、目もくらむような法外な利益を手にするようになりました。

ところが、平成の日本は、そんなアメリカの「ムチ型」成長戦略を手本に、いわゆる「構造改革」を始めてしまったのです。

きっかけは、平成に入って間もなく、バブルが崩壊して不況に突入したことでした。

それまでの日本企業の経営は、終身雇用に代表される「日本的経営」と呼ばれるものでした。

よく知られているように、「日本的経営」は、株主重視のアメリカ企業とは対照的に、株主の発言力を抑制し、企業経営者が経営を主導し、雇用の安定を重視するものでした。1970年代から80年代、日本の製造業の国際競争力が世界を席巻する中で、日本的経営は、企業の国際競争力を高めつつ、労働者の雇用の安定をも確保するものとして、国際的にも高く評価されていました。

ところが、1990年代初頭のバブル崩壊で、平成不況が始まると、日本的経営の評価が一変してしまいました。日本的経営は、むしろ日本経済の不調の原因であるかのように語られるようになったのです。

本来であれば、バブル崩壊の原因は、言うまでもなくバブルの発生です。そして、バブルの発生は、低金利を放置し続けた金融政策の失敗によるものです。つまり、マクロ経済政策の失敗がバブル崩壊による平成不況をもたらしたのであって、企業経営のあり方というミクロの問題ではなかったはずです。

ところが、当時のエリートたち（経済政策や世論に影響を及ぼし得る立場の人々）は、そういうマクロの視点を欠いていました。そして、日本的経営が槍玉に上がったのです。

1994年、舞浜の高級ホテル「ヒルトン東京ベイ」に、大手企業のトップら14

人が集まり、企業経営のあり方を巡って、泊まり込みで議論を行いました。

そこでは、従来の「雇用重視」を維持すべきとする経営者と、「株主重視」への改革を唱える経営者との間で、激しい論争が繰り広げられました。

株主重視派の筆頭は、宮内義彦・オリックス社長（当時）でした。これに対して、雇用重視派の代表は、今井敬・新日本製鐵社長（当時）でした。

朝日新聞取材班によれば、両者の論争は、こんな調子だったようです。


「企業は、株主にどれだけ報いるかだ。雇用や国のあり方まで経営者が考える必要はない。」

「それはあなた、国賊だ。我々はそんな気持ちで経営をやってきたんじゃない」

（中略）

「これまで企業が社会に責任を負いすぎた。我々は効率よく富をつくることに徹すればいい」という宮内のドライな発言に今井が鼻白む場面もあった。[注6]

このように、１９９０年代半ばの時点では、日本の経済界は、今井氏のような雇用重視派と、宮内氏のような株主重視派との間で割れていたのです。

ところが、日本政府は、株主重視派のほうに軍配を上げ、日本の経営システムをアメリカ型の株主重視にすべく、一連の「構造改革」に邁進していくこととなりました。

例えば、１９９９年には、労働者派遣事業が製造業などを除いて原則自由化され、２００４年には製造業への労働者派遣も解禁されました。これにより企業が人件費を抑制しやすくなりました。

２００１年には、確定拠出型年金制度が導入されて、従業員は自己責任で年金を運用することになりました。これにより、企業は従業員の年金に関する責任から解放され、リストラによる人件費の削減がいっそう容易になったのです。

また、１９９７年の改正商法でストック・オプション制度が導入されました。さらに２００１年の改正商法で新株予約権制度が導入されたことで、ストック・オプションの普及が促進されました。

２００１年の改正商法では、自社株買いについて目的を限定せずに取得・保有することが可能になりました。

2003年の改正商法では、取締役会の決定で自社株買いが機動的にできるようにする規制緩和が行われました。

また、この改正商法では、アメリカ的な社外取締役制度が導入され、外資による日本企業の買収が容易になりました。2005年には会社法が制定され、株式交換が外資に解禁されました。

その結果、日本企業の外国人持株比率は1990年代半ばまでは1割程度でしたが、その後、上昇に転じ、2006年には全体の約4分の1を占めるに至っています。資本のグローバル化が進んだわけです。しかし、一般に海外投資家は、株主利益を最大化するよう、企業に圧力をかけます。このため、企業は、人件費を抑制するようになりました[注7]。

こうしたアメリカの制度をモデルとした一連の政策は、日本経済を再生させるた

注6　朝日新聞「変転経済」取材班編『失われた〈20年〉』岩波書店、2009年、pp.2-3
注7　https://www.boj.or.jp/research/wps_rev/wps_2009/data/wp09j05.pdf

めの「構造改革」として断行されました。しかし、こんなことをして、賃金が上がり、経済が成長するなどと期待するほうがおかしいでしょう。

実際、2015年の労働経済白書は、賃金が上がらない理由として、企業の利益処分の変化（株主重視）や非正規雇用の増大を挙げています。[注8]

野田知彦氏と阿部正浩氏による実証分析も、2000年以降、金融機関と密接な関係をもつ旧来型の日本型ガバナンスがなされている企業では賃金が相対的に高く、外国人株主の影響が強い企業ほど、賃金が低くなっていることを明らかにしています。そして、最も大きな賃金抑制圧力は、外国人投資家の影響であるとしています。[注9]

「女性の活躍」「人生100年時代」そして「外国人材」

ちなみに、「構造改革」は、しばしば「痛みを伴う改革」と呼ばれます。この「痛みを伴う」という表現は、いみじくも、「構造改革」が「ムチ型」であることを示しています。

「ムチ型」成長戦略の失敗は、アメリカでも日本でも、もはや明らかになったかに見えます。それにもかかわらず、日本は、まだ足りないとばかりに、ムチを振るい続けました。

２０１４年、家計の資金を投資に向かわせるための少額投資非課税制度（ＮＩＳＡ）が導入されました。また、年金積立金管理運用独立行政法人（ＧＰＩＦ）の公的・準公的資金運用やリスク管理体制などが見直され、ポートフォリオにおける国内および海外の株式の比率が高められました。こうして金融部門の肥大化が進められたのです。

さらに、２０１４年、機関投資家等への規律としてスチュワードシップ・コードや、２０１５年には企業に対する外部ガバナンスの規律であるコーポレート・ガバナンス・コードが策定されました。

２０１４年８月には、経済産業省の研究会が『『持続的成長への競争力とインセンティブ～企業と投資家の望ましい関係構築～』プロジェクト『最終報告書』』な

注８　http://www.mhlw.go.jp/wp/hakusyo/roudou/15/dl/15-1-2_01.pdf
注９　野田知彦・阿部正浩（2010）「労働分配率、賃金低下」、樋口美雄（編）『労働市場と所得分配』、慶應義塾大学出版会、第１章、２０１０年、pp.3-46

る文書を公表し、その中でグローバルな投資家に認められるＲＯＥ（株主資本利益率）の最低水準は８％であると明記しました。

ＲＯＥとは、企業の自己資本（株主資本）に対する当期純利益の割合のことです。ＲＯＥは、分子の当期純利益を増やさなくても、株主還元により分母の自己資本を減らせば、簡単に数値を改善することができてしまいます。それゆえ、投資家がＲＯＥの改善を強く要求すれば、企業はその利益を株主に還元するようになります。

このＲＯＥ重視の動きを受けて、海外機関投資家に強い影響力をもつ議決権行使助言会社のＩＳＳ（Institutional Shareholder Services Inc.）は、２０１５年２月以降、過去５年の平均ＲＯＥが５％を下回る企業に対しては、株主総会で経営トップの選任案に反対票を投じることを機関投資家に推奨するとしています。

こうして、アメリカのような株主重視の経営が日本にも定着することとなりました。これでは、アメリカのように、賃金が上がらなくなっても当然でしょう。

それにもかかわらず、「ムチ型」成長戦略は、まだ続けられたのです。

日本では、少子高齢化が進んで労働力人口が減ったため、人手不足が深刻化していました。人手不足ということは、裏を返せば、賃金が上昇していくチャンスが到来したということです。ここで賃金が上昇すれば、デフレ脱却の端緒をつかめたかもしれません。

しかし、賃金が上がるということは、企業側から見れば、人件費が上がり、国際競争力が下がるということです。そこで「ムチ型」成長戦略では、賃上げの代わりに、人手不足を解消する政策が進められることとなります。

安倍政権下では「女性の活躍」が掲げられ、女性の就業が奨励されました。「女性の活躍」と言えば聞こえはいいですが、これは、女性という労働者を増やすことで、賃上げをすることなく人手不足を解消しようとするものです。

念のため言っておけば、私は、女性の就業それ自体に異を唱えているわけではありません。しかし、一方で「ムチ型」成長戦略を進めて賃金が上がらないようにしておきながら、女性の就業を促すのでは、賃金が下がる圧力が増すだけなのです。

女性の就業の促進が賃金抑制の圧力にならないようにしたければ、成長戦略を「アメ型」に切り替えた上で、そうすべきでしょう。

実際、共働きの家庭は増えていますが、これは、女性が活躍するようになったというよりは、長引くデフレと賃金抑制で、共働きでなければ生活できない家庭が増えたということではないでしょうか。

しかし、女性労働者の投入だけでは、人手不足は、解消しません。

そこで政府は「人生100年時代」というスローガンを持ち出しました。高齢者にも元気に働いてもらおうというわけです。これもまた、老人を労働市場に供給して人手不足を解消し、賃上げを回避しようということでしょう。

それでもまだ、人手不足は解消しません。いよいよ、賃上げが実現するかに思われました。

ところが、ここでついに、決定的な「ムチ型」成長戦略が実行に移されることとなりました。外国人労働者の本格的な受け入れ、いわゆる移民政策です。

これまで日本は、移民を受け入れない国として知られていました。

しかし、実は、経済協力開発機構（ＯＥＣＤ）加盟35カ国の外国人移住者統計によれば、日本は２０１５年に約39万人の移民を受け入れており、すでに世界第４位の地位を得ていたのです。どうりで、賃金がなかなか上がらないわけです。

その上、２０１８年6月、日本政府は、２０１９年4月から一定の業種で外国人の単純労働者を受け入れることを決定しました。その受け入れ人数は、２０２５年までに50万人超を想定しているということです。この閣議決定に基づき、２０１８年12月、入国管理法改正案が成立しました。

こうして、今後は賃金が上がりそうになるたびに、外国から低賃金労働者が流入して、賃金の上昇を抑えるという仕組みが完成しました。

これにより、賃金の上昇による経済成長は、ほぼ絶望的となったと言っていいでしょう。

平成の改革の評価

さて、平成に行われた一連の新自由主義的構造改革については、カリフォルニア大学バークレー校教授で、日本の政治経済の研究者であるスティーヴン・K・ヴォーゲル氏が、『日本経済のマーケットデザイン』という著書の中で、日米比較をしながら、きわめて興味深い分析を行っています。
ヴォーゲル氏の研究のポイントは、以下の通りです。

まず、平成日本の新自由主義的構造改革の多くは、結果的には、抜本的・急進的なものではなく、不徹底で漸進的な改革でした。そして、期待されたような成果も得られませんでした。

しかし、ヴォーゲル氏は、「だから、もっと抜本的な構造改革を徹底すべきだった」と主張してはいません。その反対に、不徹底で漸進的な改革の道を選んだことは、賢明だったと評価するのです。むしろ、抜本的な改革を実現していたら、もっと悲惨な結果を招いたであろうとヴォーゲル氏は言っています。

それは、なぜか。

第一の理由として、ヴォーゲル氏は、次のように説明します。

まず、フォーマルな法制度というものは、インフォーマルな規範や慣行と密接につながることで、システム全体として、うまく機能している。だから、フォーマルな法制度だけを変えても、インフォーマルな規範や慣行が変わらなければ、うまく機能しない。しかし、フォーマルな法制度の変更は強制できるが、インフォーマルな規範や慣行の変更は強制できない。とすると、インフォーマルな規範や慣行が徐々に変化するのに応じて、フォーマルな法制度を漸進的に変えていくのが賢明である。

ヴォーゲル氏の主張をもっと簡単に言えば、こうです。

アメリカの法制度は、アメリカの文化や慣習とセットでうまく回っている。日本が、アメリカの法制度を真似しても、アメリカとは文化や慣習が違うので、うまくいかない。日本の法制度は、日本の文化や国民性にあった形で改革すべきであって、まったく異質のものへと抜本的に改革しようとしても、失敗するだけだ。こういうことです。

そして、抜本的改革をしなくて賢明だったという理由の第二は、いたって単純です。本章でも論じてきましたが、「ストックオプション制や大量解雇など、日本に必要と言われた新自由主義《ネオリベラル》的改革は、アメリカにおいてさえ、景気改善効果を確認できていない[注10]」からなのです。

このように、平成日本の「抜本的構造改革」が「抜本的」というのは口だけで、実際にはそれほど「抜本的」ではなかったのですが、そのおかげで、むしろ助かったというわけです。とは言え、一部の改革は、本当に「抜本的」であったがゆえに、失敗を招いたとヴォーゲル氏は指摘してます。

コーポレートガバナンス改革は、結果的に業績改善にはつながらない商慣行に企業が従事する自由度ばかりを高め、資産売却や人件費削減に主眼を置いた狭い意味での企業再編を招いた。そして労働改革は、正規労働者と非正規労働者の格差を広げ、経済的不平等を悪化させ、雇用の安定を損なった。最後に検証した2件のケーススタディ——シリコンバレーの再現を目指した取り組みと、アメリカの情報革命を模倣しようとした取り組み——は、やや特殊な規範的ケースだ。日本政府が日本の環境に適さない制度的エコシステムの再現を試み、適応に失敗した例と言える。むしろ日本は、外国モデルの模倣ではなく、日本独自の強み——有能な官僚組織、強固な官民紐帯、企業・銀行・労働者間の密接な協力関係など——をベースに、それらをうまく適応させていくほうがよか

ったと考えられる。[注11]

要するに、「構造改革」なんかしちゃあいけなかった、ということです。私も、ヴォーゲル氏に100%賛成です。しかし、残念ながら、平成も終わった今となっては、もはや後の祭りでしょう。

注10　スティーヴン・K・ヴォーゲル『日本経済のマーケットデザイン』日本経済新聞出版社、2018年、p.217
注11　ヴォーゲル（2018, p.218）

第4章 富を増やす二つのやり方

デフレで得をする人々

第2章と第3章においては、平成日本がとりつづけた「ムチ型」成長戦略について解説しました。

この解説で明らかな通り、「ムチ型」成長戦略では、賃金が上がらないことで、労働者は損をするし、経済全体の成長も鈍くなる。しかし、その一方で、得をする人々もいます。言うまでもなく、投資家や経営者たちです。

反対に、「アメ型」成長戦略では、賃金が上昇するので労働者は得をします。経済も成長する。格差も是正される。しかし、投資家や経営者の取り分はあまり大きくはなりません。

こうして、投資家や経営者にとっては、「アメ型」より「ムチ型」の方が望ましいということになります。

ですから、投資家や経営者たちが政治や行政に与える影響力が大きい国では、「ムチ型」成長戦略が採用される可能性が高くなるでしょう。

なぜ、平成日本は、「ムチ型」成長戦略を止めようとはしないのか。いろいろな理由がありますが、その一つとして、「ムチ型」成長戦略で得をする勢力が、政治や行政を動かしているから、ということも考えられるのです。

経済の背景には、政治があることを忘れてはなりません。

同じことは、インフレとデフレについても言えます。

インフレとは、貨幣価値が下がっていく現象です。貨幣価値が下がっていくということは、借金も、借りた時より返す時のほうが、実質的に負担が軽くなっているということです。

ということは、インフレでは、おカネをたくさん持っている人や、おカネをたくさん貸している人は、相対的に割を食うということになります。逆に、貧しい人にとっては、インフレは助かります（ここで言う「インフレ」とは、需要不足を原因とするインフレのことです）。

言い換えれば、インフレには、格差を縮小させる効果があるのです。

デフレでは、話は逆になります。

デフレとは、貨幣価値が上がっていくことですから、おカネをたくさん持っている富裕層やおカネを貸している人たちにとっては、うれしいことです。しかし、貧困層や借金を抱えている人たちは、デフレによって、いっそう苦しくなる。

デフレには、格差を拡大させる効果があるのです。

こうしたことから、富裕者層、投資家、経営者は、インフレを非常に嫌がりますが、デフレはそれほどでもない。

したがって、富裕な投資家や経営者たちは、政府が財政出動を行うのには、基本的に消極的です。財政出動は、インフレを起こすからです。また、財政出動により、需要不足が解消され、人手不足になると、労働組合の交渉力が強くなり、賃上げをせざるを得なくなる。

こうしたことから、富裕者層、投資家、経営者の政治的影響力が強い国の財政運営は、緊縮気味になる。このような仮説を立てることができるでしょう。

「ポジティブ・サム」と「ゼロ・サム」

ところで、個人や企業が自分の富を増やすやり方には、二つの種類があります。

一つは、新たな富を生み出し、経済全体を成長させることで、多かれ少なかれ、みんなが豊かになるというやり方です。このように、みんなが利益を得ることを「ポジティブ・サム」あるいは「プラス・サム」と言います。「全部足したらプラスになる」という意味です。

そして、もう一つは、他人の富を奪って、自分のものにすることで、自分だけ豊かになるというやり方です。この場合、全体としては、富は増えていない。富の分け前が変わっただけです。これを「ゼロ・サム」と言います。「全部足した結果、プラスとマイナスが相殺し合って、ゼロになる」という意味ですね。

「アメ型」成長戦略では、企業が稼いだ利益の分配が、労働者に有利になります。これは、一見すると「ゼロ・サム」のように思えます。しかし、経済全体で見ると、結果的に、経済は成長し、消費需要が増えることで企業経営者も利益を得るので、これは「ポジティブ・サム」だと言えるでしょう。

これに対して、「ムチ型」成長戦略は、企業が稼いだ利益の分配が、経営者や株主に有利になります。労働者を犠牲にして、経営者や投資家の利益を増やしています。しかも、第2章で説明したように、「トリクルダウン」は起きず、経済全体は成長しないので、これは「ゼロ・サム」だと言えます。

「アメ型」成長戦略では、最低賃金規制など、労働者を保護する規制が、賃金を上昇させる圧力となります。

これに対して、賃上げを抑制する「ムチ型」成長戦略を実施するためには、労働者を保護する規制を緩和したり、撤廃したりして、労働者を激しい競争にさらすことが必要です。労働者派遣法は、そのような「ムチ型」の労働政策の典型的な例です。

ここで注意すべきは、労働者保護規制というルールを経営者に有利に変えることで、労働者が得ていた利益が奪われ、代わりに、経営者がより多くの利益を得ているということです。

ということは、この規制緩和は、経済を成長させるという「ポジティブ・サム」ではなく、単に、経営者が労働者の利益を犠牲にして利益を増やす「ゼロ・サム」だということです。

例えば、地方自治体の水道事業を民営化するというルール変更が行われる場合を考えてみましょう。

この場合、新たに水道事業に参入した民間企業が、地方自治体が行っていた水道事業と同じ料金で同じサービスを提供するならば、市民が水道を使う上では、とりあえず問題はないのかもしれません。

ただし、地方自治体が得ていたのと同じ利益が、民間の水道会社に移ります。地方自治体であれば、水道事業で余剰の利益が出たら、その利益は公共的な目的の支出へと回すので、市民に還元されます。しかし、民間の水道会社が得た余剰の利益は、その民間企業の懐に私的な利益として入るのです。

しかも、この水道民営化によって、経済全体で利益が増えているわけではありません。単に、地方自治体の利益が民間企業の利益に付け変わっただけです。公営の水道事業が民営化されたとしても、富が増えたわけではないのです。

さらに、もし、民間の水道会社が、水道料金を引き上げ、公営の水道事業体よりも儲けを出したとします。この場合、民間の水道会社は利益を増やしますが、その増えた利益は、高い水道料金を払う市民から奪って得たものです。

このように、規制緩和や民営化によって、特定の企業が利益を増やすことはありますが、そのことと経済全体の成長とは、必ずしも一致しません。このような規制緩和や民営化は、単なる「ゼロ・サム」です。

しかし、規制緩和や自由化あるいは民営化によって、これまで存在していなかった企業が生まれたり、企業が大きく成長したりすると、人々は、得てして、「経済が活性化した」「豊かになった」と錯覚しがちです。ですから、それが、誰かを犠牲にした「ゼロ・サム」になっていないかどうか、経済全体を見渡して、よくよく注意する必要があります。

さて、規制緩和、自由化、民営化といったルール変更や政策変更を行うのは、政治や行政です。ゼロ・サムのルール変更が行われる場合には、政治や行政の背後に、それによって利益を得る特定の勢力がいると考えたほうがよいでしょう。

ちなみに、特定の勢力が、自分たちの利益を増やすために、ルールを変更したり、政策を誘導したりすることを、社会科学の専門用語で「レント・シーキング活動」と言います。

専門用語を使わずに言うならば、「利権誘導」です。

先ほどの水道事業の民営化の例で言えば、もし、民間企業が水道事業に参入するために、政治や行政に民営化を働きかけていたのなら、その民間企業は「レント・シーキング活動」をやっていたということになります。

以上の議論に関連して、一つ、重要なポイントについて、注意を促しておきたいと思います。

先ほど、私は、「規制緩和、自由化、民営化といったルール変更や政策変更を行うのは、政治や行政です」と述べました。

そう、規制緩和、自由化、民営化は、ルールの「撤廃」ではなく、ルールの「変更」なのです。

規制緩和の虚実

一般に、経済学者や経済評論家は、規制緩和、自由化、民営化について、「市場に任せて、政府は規制しない、あるいは規制を弱めること」だと考えています。実際、主流派経済学の教科書は、政府が介入せずに、個人や企業が自由に競争するのに任せれば、経済が効率化するという理論について解説しています。

しかし、現実の世の中には、政府の介入や規制が一切なくてもうまく機能する「市場」などというものは存在しません。

いわゆる「市場」という制度は、最低でも、私有財産権の保護や独占禁止法、契約の遵守の規範、契約遵守を担保する司法制度といった規制やルールがなければ、うまく機能しません。

それどころか、市場がうまく機能するために規制やルールを整えたり、市場のルールが守られているかどうかを監視したりする制度を整えていくと、規制やルール、あるいは政府の介入がかえって増えたり、強まったりすることもあるのです。

平成の30年間、「日本は、規制が多すぎる。あるいは、規制が強すぎる。だから、新たなビジネスが生まれない。それが経済停滞の原因だ」といった論調がまかり通ってきました。そして、アメリカをモデルにした規制緩和や自由化が推し進められてきました。「アメリカは自由の国で、日本と違って、お上がいちいち規制や介入なんかしないんだ」というわけです。

しかし、実は、２０１７年のある調査によると、アメリカは規制の複雑さにおいて世界トップクラスであり、銀行規制やインターネット規制に関して見ると、法律の数でも法文の細かさでも、上位集団に入るというのです。これに対して、日本は、いずれにおいても、平均レベルあるいは平均以下です。つまり、日本よりもアメリカのほうが、個人や企業を縛る規制が多くて面倒だということです。[注12]

1980年代以降のアメリカが、新自由主義のイデオロギーにのっとって、規制緩和や自由化などを進めてきたのは事実です。それによって、アメリカ経済は、確かに「市場」の役割が大きい経済システムになりました。しかし、それで、規制が弱くなったり、少なくなったりしたわけではないのです。「市場」という制度をうまく機能させるためには、別種の規制がたくさん必要になるからです。

もっとも、その「市場」を機能させるためのアメリカの規制は、必ずしもうまくいっているとは言えないようです。第3章で見た通り、アメリカ経済は、深刻な所得格差の拡大や資産バブルの頻発といった重い病理を抱えてしまっているからです。「市場」という制度の設計は、簡単ではないのです。

そして、平成日本は、規制が多くも強くもなく、複雑でもないのに、勘違いして「規制緩和」などとやって、政府の介入を弱めてきました。これでは、うまくいくはずもない。本気で「市場」に任せたいのならば、規制や政府介入を増やしたり、強くしたりしなければならなかったのです。

要するに、「規制緩和、自由化、民営化によって、個人や企業は政府の規制や介入から、自由になれる！」などというのは、幻想にすぎないということです。実際には、規制緩和、自由化、民営化によって、別種の規制や政府介入に縛られるようになるだけです。むしろ、より強く縛られる場合すらあるのです。

また、「市場に任せたなら、その結果は受け入れなければならない」などということもありません。「市場」というのは、あくまで制度の一種です。市場競争が、格差の拡大、失業の増加、企業独占、あるいはレント・シーキング活動の横行など、望ましくない結果をもたらすならば、それは「市場」の制度設計が間違っていたということですから、躊躇せずに是正すべきなのです。

繰り返しになりますが、問題の本質は、「政府による規制か、市場か」という二者択一ではありません。「市場」と呼ばれているものも、政府が整備する制度なのであり、規制なのです。

ですから、問われるべきは、「どんな規制や制度が、望ましい結果をもたらすか」なのです。

注12　ヴォーゲル（2018, p.147、注1）

第5章 レント・シーキング活動

失敗に終わったPFI

平成30年、ＰＦＩ法（民間資金等の活用による公共施設等の整備等の促進に関する法律）が改正され、さらに水道法が改正され、民間企業の水道事業への参入が促進されることとなりました。

ところで、「ＰＦＩ」とは、何でしょうか。

内閣府は、「ＰＦＩ」（あるいは「ＰＰＰ（パブリック・プライベート・パートナーシップ）」）とは、次のようなものであると解説しています。

・「ＰＦＩ（Private Finance Initiative：プライベート・ファイナンス・イニシアティブ）」とは、公共施設等の建設、維持管理、運営等を民間の資金、経営能力及び技術的能力を活用して行う新しい手法です。

・民間の資金、経営能力、技術的能力を活用することにより、国や地方公共団体等が直接実施するよりも効率的かつ効果的に公共サービスを提供できる事業について、ＰＦＩ手法で実施します。

・ＰＦＩの導入により、国や地方公共団体の事業コストの削減、より質の高い公共サービスの提供を目指します。

・我が国では、「民間資金等の活用による公共施設等の整備等の促進に関する法律」（ＰＦＩ法）が平成11年7月に制定され、平成12年3月にＰＦＩの理念とその実現のための方法を示す「基本方針」が、民間資金等活用事業推進委員会（ＰＦＩ推進委員会）の議を経て、内閣総理大臣によって策定され、ＰＦＩ事業の枠組みが設けられました。

・英国など海外では、既にＰＦＩ方式による公共サービスの提供が実施されており、有料橋、鉄道、病院、学校などの公共施設等の整備等、再開発などの分野で成果を収めています。

要するに、ＰＦＩとは、政府や地方自治体が行ってきた公共サービスを、民間企業に任せようということです。

ちなみに、日本では、平成30年3月末日時点で、６６６のＰＦＩ事業が進められています。

ところで、内閣府は、イギリスなど海外のＰＦＩが成果を収めていると言っています。

特にイギリスは、ＰＦＩの先駆者となった国です。

ところが、そのイギリスの会計検査院は、２０１８年1月18日、ＰＦＩについての報告書を出し、「ＰＦＩが公的な財政に恩恵をもたらすというデータが不足している」と結論しました。

この報告書によれば、多くのＰＦＩ事業は通常の公共入札の事業よりも4割ほど割高でした。にもかかわらず、７１６のＰＦＩ事業が進行中で、新しいＰＦＩ事業がまったくなかったとしても、２０４０年までの支払い金額は１９９０億ポンド（約29兆１４５２億円）にもなるとのことです。[注13]

イギリスに続き、欧州会計検査院も、ＥＵのＰＰＰ事業についての報告書を出しました。ＥＵでは、２０００年から２０１４年にかけて、84の事業が実施されましたが、欧州会計検査院は、そのうち、ＥＵが資金を提供している12の事業を調査しました。その結果、ＰＰＰ事業の多くが非効率だったことが明らかとなりました。[注14]

ちなみに、日本の会計検査院も、２０１０年に、55件のＰＦＩ事業を調査し、次のような所見を述べています。

　ＰＦＩ事業を実施するに当たり、各管理者等は、基本方針、各ガイドライン等を踏まえて、ＶＦＭ評価に当たっての割引率を設定したり、物価変動に伴う

注13　https://www.theguardian.com/politics/2018/jan/18/taxpayers-to-foot-200bn-bill-for-pfi-contracts-audit-office
https://www.nao.org.uk/wp-content/uploads/2018/01/PFI-and-PF2.pdf
注14　https://www.eca.europa.eu/Lists/ECADocuments/SR18_09/SR_PPP_EN.pdf

契約金額の改定を実施したりしている。それらの実施状況を比較すると、上記のようにいずれも差異がある状況が見受けられたものの、この状況が合理的なものであるか確認できなかった。[注15]

ここで言う「VFM評価」というのは、PFI事業を実施するかどうか判断するために行う評価です。そのVFM評価が事業管理者によってばらばらな上に、それが合理的かどうか確認できなかったというのです。

つまり、日本の会計検査院は「PFI事業が公共サービスを効率化するかどうか、分からない」と結論しているということです。

PFI事業は、どうして、うまくいかなかったのでしょうか。

それは、そもそもの制度設計に無理があったからでした。

内閣府はPFI事業のメリットとして、「低廉かつ良質な公共サービスが提供されること」と「民間の事業機会を創出することを通じ、経済の活性化に資すること」を挙げています。[注16]

しかし、普通に考えて、この二つは両立しないでしょう。

低廉かつ良質な公共サービスは儲からないし、儲けてはいけない事業です。しかし、それでは、儲けたい民間企業の事業機会にはなりません。ですから、民間の事業機会になり、経済が活性化するようなおいしいサービスを、貧しい人々にも安価あるいは無償で届けるのは無理なのです。

そもそも、ＰＦＩ事業では、民間企業が公共サービス事業を行うにあたり、公共部門から委託を受けるのであれば、その委託料は公共部門が出します。したがって、公共部門が直接、公共サービス事業を行うのと、本質的には変わりません。また、民間企業が市民から利用料を徴収して公共サービス事業を行う場合は、市民は、税金の代わりに利用料を徴収されるというだけです。結局、公共部門が税金で公共サービス事業を運営しているのと変わりません。

もっとも、民間企業がより効率的に事業を行うのであれば、ＰＦＩの方がいいのかもしれません。実際、ＰＦＩはそのようにして正当化されています。

注15　http://report.jbaudit.go.jp/org/h22/2010-h22-0928-0.htm
注16　https://www8.cao.go.jp/pfi/pfi_jouhou/aboutpfi/pfi_kouka.html

しかし、実際には、そうはなりません。

なぜならば、第一に、民間企業は、長期にわたる公共サービス事業を行うにあたって、金融機関や投資家から長期の資金調達をしなければなりませんが、一般的に、民間企業の資本コストは、公共部門よりも高くなります。

第二に、公共サービス事業を受注した企業は、その事業を「独占」するので、効率化は図られません。

多数の企業が参入したり、退出したりできるような市場であれば、激しい競争が行われるので、効率化も図れるかもしれません。しかし、一般に、公共サービス事業に参入できる企業の数は限られているので、民間企業は、いったん公共サービス事業を受注したら、多くの場合、その事業を独占することになります。

第三に、公共サービス事業は長期間に及ぶ事業なので、民間企業はいったん公共サービス事業を受注したら、20~30年にわたって、収益を得ることになります。これは、営利企業にとっては、不正や汚職のインセンティブとなります。

この不正や汚職を防ぐためには、公共部門は、公共サービス事業を行う民間企業を常に厳しく監視しなければなりません。しかし、その監視のコストは、結局、公共部門が負担することになるのです。

しかも、民間企業は、そのビジネス上の秘密を秘匿することができるため、透明性は必ずしも高くありません。このため、監視の目が十分に行き渡らないおそれもあるのです。

民間企業が事業を行うから、公共部門よりも効率的になるというのは、幻想に過ぎないのです。[注17]

こうして、ＰＦＩは、いっときは公共サービスの効率化の切り札として流行したものの、今では、発祥地のイギリスでも失敗が明らかになっているのです。
ついに、２０１８年10月29日、イギリスのハモンド財務大臣は、今後はＰＦＩ手法を用いないことを表明しました。[注18]
しかし、その同じ年に、日本は、ＰＦＩをもっと推進するための法改正を行った

注17　https://www.globalpolicy.org/component/content/article/270-general/52750-why-public-private-partnerships-dont-work.html
注18　http://www.murc.jp/thinktank/rc/column/search_now/sn181106

のです。

読者の方は、「いったい、どうして、このような馬鹿げたことがまかり通っているのだろう？」と思われたのではないでしょうか。

その疑問を解消する鍵は、実は「レント・シーキング活動」にあります。さらに、議論を続けることにしましょう。

沼のワニ

おさらいすると、「レント・シーキング活動」とは、自分の利益を増やすために、ルールや規制あるいは政策の変更を行うように、政治や行政に働きかける活動のことです。

「レント・シーキング活動」というのは、特定の人々の利益を守っているルールや規制を変えて、その利益を自分たちが享受できるようにする場合が多い。つまり、「レント・シーキング活動」は、他人の利益を奪って自分の利益を増やす「ゼロ・サム」になりがちなのです。

このため、「レント・シーキング活動」に成功した特定の勢力は豊かになりますが、国民全体が豊かになるわけではありません。

さて、他人の利益を収奪する「ゼロ・サム」の「レント・シーキング活動」は、実は、デフレの時には、特に活発化しやすいのです。

それは、なぜでしょうか。

インフレで経済が成長している時は、需要という全体のパイが大きくなっています。こういう時は、自分のパイが大きくなるので、他人のパイの分け前を奪い取らなくてもいいわけです。

しかし、デフレで不況の時は、需要という全体のパイが縮小しています。そうすると、縮小するパイをみんなで奪い合うということになりやすい。

例えるならば、このような感じです。

ある沼に、ワニの群れが住んでいました。ワニたちは、それぞれ自分の縄張りをもって棲み分けていたので、お互いに争うこともなく、平和に暮らしていました。

ところが、乾季が長く続いたために、次第に沼の水が干上がっていきました。すると、ワニたちは、生き残るために、少なくなった沼の水を奪い合うようになり、お互いに争うようになってしまいました。

デフレとは、ちょうど、ワニたちの沼が干上がっていくようなものなのです。

ルサンチマン

デフレになると、いくら働いても儲からず、給料も上がらないという事態になります。

しかも、需要が縮小していくわけですから、足りない需要をみんなで争って奪い合うということになります。干上がった沼のワニの状態です。

そうなると、仕方のないことですが、どうしても人々の気持ちは、荒んできます。「俺は、こんなに働いているのに、ちっとも楽にならない」という不満が次第に募っていく。そのうち、楽をして儲けているように見える連中のことが許せなくなってくる。やがて「あの連中が不当な利益を得ているせいで、俺の仕事がうまくいかないんじゃないか」といった疑いの感情がもちあがってくる。

この感情が、いわゆる「ルサンチマン（怨恨《えんこん》）」と呼ばれるものです。

デフレによって、人々はルサンチマンを抱きやすくなるのです。


「レント・シーカー」たちは、この人々のルサンチマンを巧みに利用します。

繰り返しになりますが、「レント・シーキング活動」とは、自分の利益を増やすために、都合よくルールや規制を変えてしまう活動です。

ルールや規制を決めているのは、政治です。

そして、民主主義においては、政治の方向性を左右するのは、民意です。

その民意が、レント・シーカーの望むようなルールや規制の変更を支持しなければ、レント・シーキング活動は成功しません。

そこで、レント・シーカーたちは、デフレで民意に充満しているルサンチマンを利用して、ルールや規制を自分たちに都合よく、変えてしまうという戦略をとるのです。

既得権益

レント・シーカーたちが、デフレで発生した国民のルサンチマンを利用する際に、よく使う言葉があります。

それは、「既得権益」です。

レント・シーカーたちは、ルールや規制によって守られた特定の人々の利益を奪いたいと思った時には、その利益に「既得権益」というレッテルを貼り、あたかも不当な利益であるかのような印象操作をします。

確かに、世の中には、ルールや規制によって守られた特定の利益というものがあります。

しかし、そもそも、なぜルールや規制が必要なのでしょうか。

それは、社会的弱者を救済するためとか、国民の安全を守るためとか、あるいは自然を保護するためとかいった公共的な目的があり、かつ、そのルールや規制がなければ、その公共的な目的が達成できないからです。経済学風に言えば、市場に任せておいてもうまくいかないから、ルールや規制が必要になるというわけです。

もちろん、そうした公共的なルールや規制があるおかげで、利益を得ている特定の集団がいるのは事実です。例えば、障害者を守るための規制のおかげで、障碍者は利益を得ています。あるいは、自然公園というルールは、自然公園を守る作業に従事する労働者に利益をもたらしています。

ところが、レント・シーカーたちは、そのルールや規制がもたらす利益を奪おうと狙う際に、その利益を「既得権益」と呼ぶのです。

もちろん、ルールや規制が保護する利益は、「既得権益」でしょう。しかし、そのルールや規制は公共目的を達成するために生じた利益なのですから、不当なものでも不公正なものでもありません。

しかし、レント・シーカーたちは、一律に「既得権益」とレッテルを貼り、不当な利益であるかのように印象付けます。そして、そのルールや規制がなくなれば、既得権益がなくなり、あたかも国民全体が豊かになるかのように喧伝するのです。

もちろん、公共的な目的のルールや規制の中には、必ずしも適切ではないものもあります。公共的な目的を建前にして、不当な利益を得ている特定の集団が存在する場合もあるのかもしれません。

ルールや規制は、政治が決めるものであり、そして政治は、常に完璧に正しい判断をするわけではありません。おかしなルールや無駄な規制があっても当然です。

しかし、レント・シーカーたちは、そうした不適切なルールや規制の事例を針小棒大にとり上げて、不当な既得権益の存在を大げさに喧伝します。そして、「規制の中には、不当なものもある」という話を、「規制は、不当である」という話にすり替えてしまいます。

このような巧妙なやり口を駆使して、レント・シーカーたちは、デフレでたまった国民のルサンチマンに火を点けるのです。

ルサンチマンに火を点けられた国民は、ルールや規制の緩和・撤廃を断行すると叫ぶ政治家を「改革派」と呼んで、応援するようになります。逆に、ルールや規制の維持を唱える政治家に対しては、「既得権益を守ろうとする守旧派」「改革を邪魔する抵抗勢力」というレッテルを貼って、選挙を通じて、政治の表舞台から追放してしまうのです。

こうして、ルサンチマンを煽られた国民の支持を得て、ルールや規制を緩和・撤廃する「改革」が行われます。そして、そのルールや規制が守ってきた「既得権益」を、レント・シーカーたちはまんまと手に入れるわけです。

繰り返しになりますが、この「改革」は、既得権益をレント・シーカーたちの手に移しただけにすぎません。この「改革」によって、国民一般が豊かになったわけではありません。経済全体というパイはまったく大きくなっていない。単に、パイの分け方が、レント・シーカーたちに有利になるように変わっただけです。

既得権益を打破する「改革」では、経済は成長しないのです。

アメリカの金融業界によるレント・シーキング活動

「ムチ型」成長戦略の先駆者はアメリカですが、レント・シーキング活動が盛んなことでも、アメリカは最先端を走っています。

特に有名なレント・シーキング活動は、ウォール街の金融業界によるものです。

国際通貨基金（ＩＭＦ）のチーフ・エコノミストであったサイモン・ジョンソン

氏は、ジェームズ・クワック氏との共著において、金融業界によるレント・シーキング活動の手口として、次の三つを挙げています。

第一に、金融業界は、巨額の政治献金を行いました。

金融業界の政治献金は、１９９０年代以降に特に増え、２００６年には2億６０００万ドルにまで達しました。

この巨額の政治献金を背景に、金融業界は強力なロビー活動を行い、金融規制を自分たちに有利になるように仕向けました。

特に有名なのは、１９９９年に上院銀行委員会委員長に就任したフィル・グラム氏に対するロビー活動です。このロビー活動を受けて、グラム氏は商業銀行と投資銀行の分離の規制を撤廃する「１９９９年グラム・リーチ・ブライリー法」の成立に尽力しました。

ちなみに、２０１２年のアメリカ大統領選において、スーパーＰＡＣ（政治行動委員会）を通じた選挙資金の8割は、個人による10万ドル以上の寄付によるものでしたが、その寄付者の数はわずか１９６人でした。[注19]

これでは、富裕層に不利になる規制や、富裕層から貧困層へと富を再分配するような経済政策は、アメリカでは、ほぼ不可能でしょう。だから、アメリカは、超格差社会になってしまっているのです。

第二に、金融業界は、政府部内の主要ポストにウォール街出身の人材を送り込み、また政府要人をウォール街に迎え入れました。これは、「回転ドア」と呼ばれます。例えば、クリントン政権時の財務長官ロバート・ルービン氏、財務次官ゲーリー・ゲンスラー氏、そしてジョージ・W・ブッシュ政権の財務長官ヘンリー・ポールソン氏、財務次官ロバート・スティール氏は、金融最大手ゴールドマン・サックス出身です。

また、リーマン・ブラザースで役員を務めたロジャー・アルトマン氏はクリントン政権の財務副長官に、ベアー・スターンズのリー・ザックス氏はクリントン政権の財務副次官補に就きました。

注19 https://www.thenation.com/article/00063-percent-election/

財務省の長官ルービン氏と同省首席補佐官マイケル・フロマン氏は、退任後、シティ・グループに移りました。なお、フロマン氏は、オバマ政権下で、米通商代表部（ＵＳＴＲ）の代表に就任しました。

さらに、トランプ大統領が財務長官に指名したスティーブン・ムニューシン氏と、国家経済会議委員長に指名したゲーリー・コーン氏もまた、ゴールドマン・サックスの出身です。

このようなウォール街とワシントンとの間の「回転ドア」を通じて、金融業界は政府に対する影響力を強めたのです。

第三に、「ウォール街の金融産業の利益は、アメリカにとってもよいことだ」という思想や価値観の影響力が支配的となったことです。

本書「はじめに」で、経済政策を決める要因については、思想が決めるという「思想決定説」と、政治の利害関係が決める「政治決定説」があると述べました。ジョンソン氏らが挙げた三つの要因のうち、第一と第二は「政治決定説」、第三は「思想決定説」だと言ってよいでしょう。

これら三つの要因を挙げつつ、ジョンソン氏らは、「どこからどう見ても、ウォール街はこの国を乗っ取っていた」と嘆いています。[注20]

レント・シーキング活動の疑い

アメリカのレント・シーキング活動は、非常に極端な例です。現在の日本でもレント・シーキング活動があるとしても、さすがにアメリカほどひどくはないでしょう。

しかし、日本の構造改革や成長戦略が、アメリカの「ムチ型」成長戦略を手本としたように、レント・シーキング活動という悪弊についてもまた、アメリカが手本になっているように思えます。

例えば、日本では、特に1990年代以降、「行政改革」の名の下に、政府の意

注20　サイモン・ジョンソン、ジェームズ・クワック『国家対巨大銀行：金融の肥大化による新たな危機』ダイヤモンド社、2011年、第4章

思決定機関などに民間人を登用することが頻繁に行われるようになりました。それだけならいいのですが、問題は、その民間人が利害関係を有するような規制や政策についても、関与が許されていることです。

もっとも、レント・シーキング活動は、たいていの場合は、合法的な行為の範囲内で行われます。しかも、レント・シーカーは、利益誘導をしている証拠を残さないよう、巧みに活動します。このため、政府に登用された民間人が、レント・シーキング活動を行っていると言えるのかどうかは、判定が難しいところがあります。

過去に、レント・シーキング活動が疑われた例をいくつか挙げておきましょう。ただし、あくまで「疑い」であって、レント・シーキング活動が行われたとは断言できませんが。

2001年、小泉内閣が設置した「総合規制改革会議」の議長に、宮内義彦・オリックス社長（当時）が就任しました。1994年、舞浜の会議で「これまで企業が社会に責任を負いすぎた。我々は効率よく富をつくることに徹すればいい」と発言した、あの宮内氏です。宮内氏は、2004年には「規制改革・民間開放推進会議」の議長にも就任しました。

宮内氏は、こうした審議会の長として、数々の規制緩和の旗を振り続けました。しかし、この小泉内閣の審議会を通じて実現した規制緩和の中には、信託業務や保険商品取扱いなど、オリックス・グループや宮内氏が会長を務めるリース事業協会の利害に関係するものも含まれていました。

また、「規制改革・民間開放推進会議」は混合診療を打ち出しましたが、オリックス生命は医療保険分野にも進出していました。

このため、宮内氏に対して、利益誘導という疑惑や批判が向けられるようになり、宮内氏は2006年に任期満了を待たずして議長の座を退きました。[注21]

より最近の例を挙げておきましょう。

政府の「国家戦略特区諮問会議」のメンバーであり、人材派遣会社パソナの会長でもある竹中平蔵氏についての「週刊朝日（2017年6月9日号）」の記事です。

注21 東谷暁『金より大事なものがある―金融モラル崩壊』文春新書、2006年、第六章

「昨年7月、神奈川県の特区で規制緩和された家事支援外国人受入事業について、大手人材派遣会社のパソナが事業者として認定された。諮問会議の民間議員の一人である竹中平蔵氏（東洋大教授）はパソナグループの会長。審査する側が仕事を受注したわけだから、審議の公平性が保てない」（野党議員）

これだけではない。農業分野で特区に指定された兵庫県養父《やぶ》市では、竹中氏が社外取締役を務めるオリックスの子会社「オリックス農業」が参入した。自民党議員からも「学者の肩書を使って特区でビジネスをしている」と批判の声がある。

農林水産委員会などに所属する宮崎岳志衆院議員（民進党）は、竹中氏が主張する農業分野での外国人労働者の受け入れが、人材派遣業界の利益につながりかねないと指摘する。

「民間議員はインサイダー情報に接することができるのに、資産公開の義務はなく、業界との利害関係が不透明だ[注22]」

なお、2018年10月、政府の「未来投資会議」は雇用制度改革の議論を開始しましたが、この会議のメンバーにも、竹中氏は、名を連ねています。人材派遣会社の会長が、政府の雇用制度改革の議論に参加しているのですから、レント・シーキング活動を疑われても仕方がないでしょう。

もっと最近では、2018年11月、水道など公共部門の民営化を推進する内閣府民間資金等活用事業推進室に、水道サービス大手仏ヴェオリア社日本法人からの出向職員が勤務していることが判明し、問題となったということもありました。[注23]

いろいろ、アメリカの真似をするのが好きな日本ですが、レント・シーキング活動という点でも、だんだんアメリカに似てきましたね。

注22 https://dot.asahi.com/wa/2017053100019.html?page=1
注23 https://www.asahi.com/articles/ASLCY6F37LCYULBJ018.html

日本人であることも既得権益

このように、日本でもレント・シーキング活動と疑われても仕方のないような行為がはびこってしまった背景には、やはり、デフレと「ムチ型」成長戦略が深く関係していると言わざるを得ません。

デフレでは、干上がった沼のワニたちのように、縮小する富をみんなで奪い合うようになりがちです。他人の利益を奪って自分の利益を増やすが、国全体の利益が増えるわけではない「ゼロ・サム」の世界です。

そういう殺伐とした「ゼロ・サム」の世界では、国民の間に「俺は一生懸命働いているのに報われないが、あの連中は規制に守られてのうのうと暮らしている」といったルサンチマンが蔓延しやすくなります。

そういったルサンチマンにとらわれた国民は、のうのうと楽をしている連中をムチ打って、厳しい競争にさらすような「ムチ型」成長戦略を支持したい気持ちに駆られるようになります。

本来であれば、デフレの時には、「ムチ型」ではなく、むしろ「アメ型」成長戦略をとらなければなりません。デフレ下で「ムチ型」成長戦略をとれば、デフレはかえって悪化します。

それにもかかわらず、国民がデフレ下で「ムチ型」成長戦略を支持してしまうのは、デフレによって発生したルサンチマンのせいだと言えるでしょう。

そして、このように国民がルサンチマンに憑りつかれている時こそ、レント・シーカーたちのチャンスです。

レント・シーカーたちは、煽ります。「日本が成長しないのは、規制に守られた既得権益にしがみついている連中がいるからだ！　だから、規制を緩和・撤廃し、競争を促進する改革を徹底せよ！」

実際には、レント・シーカー自身が、既得権益を自分のものにしたいだけなのですが、ルサンチマンに憑りつかれた国民には、レント・シーカーの隠された意図が見えません。

こうして、国民は、既得権益を打破する規制の緩和や撤廃を強く支持し、「改革派」の政治家を応援するようになります。

ただし、国民が既得権益を打破する改革を支持するのは、その既得権益が自分のものでない場合に限ってのことです。人々は、自分に痛みが来ない時だけ、「痛みを伴う改革」を支持するのです。

例えば、こんな感じです。

電力会社の社員は、建設業界や農業の既得権益など打破されればいいと思っているので、公共投資の削減や農協改革に賛成します。しかし、電力市場の自由化は危険であることを知っているので、それには反対します。

建設業者は、電力会社や農業の既得権益が悪いと思っているので、電力市場の自由化や農協改革に賛成します。しかし、公共投資を削減したら地方経済が衰退すると知っているので、それには反対します。

そして農家は、電力会社や建設業界の既得権益を問題視しているので、電力市場の自由化や公共投資の削減を歓迎します。しかし、農協改革は無茶であることを知っているので、それには反対します。

こうして、誰もが、自分以外の既得権益の打破を求めるのです。その結果、各業界の既得権益は、改革派によってそれぞれ撃破されていきます。

しかし、「既得権益だから悪い」というわけではありません。

そもそも、既得権益がまったくない人など、誰もいません。

誰でも、多かれ少なかれ、ルールや規制に守られた既得権益を享受しているのです。

中でも、すべての日本国民がもっている大事な「既得権益」があります。

それは、「日本人である」ということです。

私たち日本人のほとんどが、日本人として生をうけたから日本人なのであって、努力の結果として、日本人になったわけではありません。

そして、日本人であれば、日本国憲法という「規制」によって、例えば「健康で文化的な最低限度の生活」を政府によって保障されます。この権利は、日本人の「既得権益」でしょう。

もし、競争を勝ち抜いたり、努力して得られた利益ではない「既得権益」はけしからんというのであるならば、いずれ、日本人という「既得権益」もけしからんということになるでしょう。

私は、けっして詭弁をろうしたり、こじつけを言ったりしているのではありません。論理的に考えれば、そうなるのです。

例えば、グローバル化とは、日本の「既得権益」を守る関税や各種の規制を撤廃し、日本人をグローバルな競争の中に巻き込み、生産性を上げさせるということです。

そして、グローバル化を徹底すれば、いずれは、日本人であるという「既得権益」をなくすということに行きつきます。

それは、移民を入れるということです。

平成の終わりに、日本政府は、本格的な移民政策へと舵を切りました。

これからは、日本人の労働者は、国内で、外国人の労働者と本格的に競争しなければなりません。これによって賃金は上がらなくなりますが、企業経営者は人件費を抑制できるので利益を増やせます。労働者の利益が失われ、企業や投資家の利益が増える「ゼロ・サム」です。

まさに日本人の「既得権益」が、入国管理法の「規制緩和」によって、打破されたのです。

そう言えば、TPP（環太平洋経済連携協定）への参加の是非が議論になっていた際、「農業の既得権益を壊すから、TPPに賛成」という人々がたくさんいましたね。そういう人たちは、これからは、低賃金の外国人労働者との厳しい競争で頑張ってください。TPPによって農家が厳しい国際競争にさらされることには賛成したのですから。

何が言いたいのかと言えば、TPPを推進する論理と、移民政策を推進する論理とは、イデオロギーの根が同じだということです。

既得権益の打破を掲げる改革論者たちが移民政策に賛成するのも、「日本人であること」が究極の「既得権益」だからにほかなりません。もちろん、竹中平蔵氏も、熱心な移民推進派です。[注24]

そして、案の定と言うべきか、竹中氏が会長を務めるパソナグループは、外国人労働者の派遣サービスを事業としています。[注25]

いや〜、してやられましたなあ。

ところで、この事実上の移民政策については、安倍政権を熱烈に支持してきた保守派の一部から、抗議の声が上がっているようです。

確かに、日本の土着の文化を守ろうという保守派の価値観は、移民政策とはまったく相いれません。これまで安倍政権を支持してきた保守派にしてみれば、裏切られたという気持ちでしょう。

しかし、だからといって、今さら安倍総理を批判するのはお門違いというものです。

なぜなら、移民政策へと舵を切る4年前の平成26年、安倍総理は世界経済フォーラム年次総会（ダボス会議）で演説し、次のように宣言しているからです。

「既得権益の岩盤を打ち破る、ドリルの刃になるのだと、私は言ってきました。」

「いかなる既得権益といえども、私の『ドリル』から、無傷ではいられません。」注26
そうです。

安倍総理は、「いかなる既得権益といえども、無傷ではいられない」と言っているのです。その「既得権益」の中に、日本人という「既得権益」が含まれないなどと、誰が決めたのでしょうか。

安倍政権が移民政策はとらないだろうというのは、保守派の勝手な思い込みにす

注24 https://premium.toyokeizai.net/articles/-/17411
注25 http://www.pasona-global.com/gl/foreigner/
注26 https://www.kantei.go.jp/jp/96_abe/statement/2014/0122speech.html

ぎなかったということです。

こうして、デフレ下の日本国民は、他人の既得権益を奪って、自分の利益を増やす「ムチ型」の構造改革やグローバル化を支持していたら、自分自身の日本人としての既得権益が奪われてしまうという結果になりました。

芥川龍之介の名作『蜘蛛の糸』の主人公のように、他人を蹴落として自分だけが助かろうとしたら、自分も地獄へと真っ逆さまに落ちてしまったというわけです。

第6章　大失敗した行政改革

なぜ行政はレント・シーキング活動を放置しているのか

本来であれば、中立性と公平性を旨とする行政は、特定の勢力による利益誘導である「レント・シーキング活動」を阻止しなければなりません。官僚がしっかり公務をまっとうしていれば、「レント・シーキング活動」が入り込む余地などないはずなのです。

しかし、どうやら、そうはなっていないようです。

第二次安倍政権下では、森友学園や加計学園を巡る一連の疑惑が持ち上がった際に、官僚のあり方が改めて問題となりました。

その問題とは、要するに、両学園の「レント・シーキング活動」に対して、官僚が総理大臣の意向を「忖度」して、適切な対応をしなかったのではないかということです。

官僚のあり方は、今から20年ほど前にも、大きな問題となっていました。

ただし、20年前に問題視されていたのは、日本の政治が官僚主導であるということでした。当時の官僚は「強すぎる」ということで、批判されていたのです。

ところが、最近では、強大な官邸の顔色をうかがい、その意向を過剰に「忖度」する「弱すぎる官僚」が問題となっているのです。

この20年の間に日本の官僚に対する評価は、「強すぎる」から「弱すぎる」へと、ほぼ１８０度、変わってしまいました。

どうして、このようなことになってしまったのでしょうか。

官僚主導という誤解

事の発端は、およそ20年前にさかのぼります。

先ほど述べたように、当時は、日本の政治が官僚主導であるとか「大きな政府」であるといったことが問題になっており、政治主導あるいは「小さな政府」を目指した行政改革が求められていました。

しかし、この「官僚主導」とか「大きな政府」とかいった認識こそが、そもそもの間違いの始まりだったのです。

すでに当時の日本は、ＯＥＣＤ各国と比較して、全雇用に占める公務員の比率もＧＤＰに占める政府支出の比率も、小さいほうに属してきました（表2、表3）。特に、全雇用に占める公務員の比率は、１９９０年時点において、日本は最下位です。１９８０年代に「小さな政府」を掲げていたアメリカの約半分、イギリスの3分の１弱でしかなかったのです。

行政改革が大きな政治的イシューとなる以前から、日本政府はすでに「小さな政府」を達成していたのです。

さらに言えば、日本の規制が多すぎるとか、強すぎるといった話も間違いであることは、第4章で指摘した通りです。

また、官僚主導というのも、大きな誤解です。行政学者の村松岐夫氏による一連の研究が明らかにしたように、1955年体制の成立以降の日本の政治は、官僚優位ではなく、政党優位だったのです。[注27]

村松氏は、日本の政治の政党優位を示すものとして、1960年代から始まった「与党審査」を挙げています。

「与党審査」とは、各官庁の法案や予算案は、閣議決定をする前にすべて自由民主党の政務調査会と総務会の承認を得なければならないという手続きのことです。

このような法案の与党との事前協議という慣行は、イギリス、ドイツ、フランス、アメリカには見られません。これらの国々では、日本とは違って、議会提出前の法案等の策定過程に与党が介入することは、原則としてないのです。[注28]

注27 村松岐夫『政官スクラム型リーダーシップの崩壊』東洋経済新報社、2010年

表2◎政府雇用の対全雇用比率

	1980	1985	1988	1989	1990
オーストラリア	16.0	17.5	16.5	15.6	15.6
オーストリア	17.6	19.4	20.9	21.1	20.8
ベルギー	18.7	20.2	–	–	–
カナダ	19.4	20.8	20.3	20.3	20.6
デンマーク	28.3	29.7	29.4	29.8	29.9
フィンランド	17.2	19.2	20.6	20.6	20.9
フランス	20.0	22.7	22.9	22.8	22.6
ドイツ	14.6	15.6	15.5	15.4	15.2
ギリシャ	8.9	9.9	10.1	10.4	10.2
アイスランド	15.7	16.5	16.9	16.8	17.3
アイルランド	16.4	18.8	18.4	17.9	17.2
イタリア	15.7	16.8	17.3	17.4	17.2
日本	8.8	8.7	8.3	8.1	7.9
オランダ	14.8	16.0	15.4	15.1	14.9
ニュージーランド	17.2	14.9	–	–	–
ノルウェー	25.3	29.2	29.3	30.8	32.0
ポルトガル	10.7	13.2	14.1	14.1	14.3
スペイン	10.5	13.4	14.1	14.3	14.5
スウェーデン	30.7	32.9	31.8	31.5	31.8
スイス	10.1	10.3	10.5	10.6	10.6
トルコ	10.5	9.1	9.1	9.1	9.3
イギリス	21.3	21.7	20.7	19.5	19.1
アメリカ	16.4	15.3	15.1	15.1	15.5

表3◎政府支出の対全雇用比率

	1976	1980	1985	1986	1987	1988	1989
オーストラリア	29.8	30.7	34.1	35.2	35.0	34.2	–
オーストリア	42.4	46.4	48.5	48.2	47.9	47.0	–
ベルギー	40.1	42.7	45.9	45.1	45.4	44.4	–
カナダ	35.8	36.2	38.7	39.5	40.0	40.1	39.6
デンマーク	46.9	52.2	56.5	58.3	58.8	58.6	57.4
フィンランド	41.0	35.8	40.5	41.8	39.7	40.0	39.9
フランス	41.8	44.5	47.6	46.9	47.4	46.8	46.5
ドイツ	44.0	44.7	45.6	44.9	44.4	43.8	44.6
ギリシャ	29.5	30.5	34.6	35.6	36.5	34.0	31.8
アイスランド	33.0	33.3	32.5	32.1	32.1	35.4	36.6
アイルランド	37.9	38.8	43.6	43.5	43.7	–	–
イタリア	–	33.0	38.0	39.0	39.2	39.6	41.1
日本	23.6	27.6	31.2	31.5	33.4	34.3	
ルクセンブルク	50.2	53.3	55.9	52.9	–	–	–
オランダ	49.5	52.8	54.3	53.0	53.6	52.4	50.1
ノルウェー	49.8	53.2	55.1	54.7	55.2	55.1	–
ポルトガル	–	31.4	35.9	37.6	–	–	–
スペイン	–	29.7	34.5	35.0	–	–	–
スウェーデン	–	56.3	59.5	60.4	62.2	61.9	–
スイス	33.9	32.8	34.4	35.0	34.5	35.0	34.1
イギリス	39.7	39.9	42.2	41.2	40.6	40.2	39.7
アメリカ	29.5	30.8	31.3	31.4	–	31.6	–

出典)村松岐夫『日本の行政：活動型官僚制の変貌』中公新書、1994年 P.29

その意味で、日本は、欧米先進国よりも政治主導であると言えるのです。

もっとも、この「与党審査」において、法案や予算案が否決されることは、めったにありません。しかし、だからといって、官僚の権限が強いとか、政治家が官僚の言いなりであると考えるのは間違いです。

というのも、官僚は与党との事前調整を入念に行い、あらかじめ与党の反応を予測した上で承認されやすい法案や予算案を準備していたからです。政府の原案がくつがえされることが少ないのは、そのためです。

このような官僚の行動について、村松氏は、「予測的対応」であると指摘しています。官僚は与党の反応を予測し、その予測に従って対応するのです。それというのも、官僚が与党の権力を重大視しているからにほかなりません。[注29]

この「予測的対応」というのは、要するに「忖度」のことです。日本の官僚は、昔から政治家を尊重し、「忖度」してきたのでした。

調整型官僚と族議員

1960年代から1970年代までの日本の政治において、政策の最終的な決定権を握っていたのは、あくまで自民党でした。官僚ではありません。

とはいうものの、その一方で、官僚に政策立案の権限が大きく委任されていたのもまた、事実です。

官僚たちは、政治家や利益集団との間の調整や人脈作りに、膨大な時間と労力を費やしてきました。もちろん、その政治的な調整の中で、官僚たちは、政治の決定した政策を単に執行する立場に甘んぜず、官僚としての立場や利益を主張することもありました。このような官僚のあり方を、行政学者の真渕勝氏は「調整型官僚」と呼んでいます。

「調整型官僚」とは、利害調整という政治の領域にも踏み込んでいった官僚の姿と

注28　榊原英資編『日米欧の経済・社会システム』東洋経済新報社、1995年 pp.24-26
注29　村松岐夫『日本の行政：活動型官僚制の変貌』中公新書、1994年

も言えます。こうした政治の領域にも積極的に踏み込んで活動する官僚の姿が、「政治の官僚主導」という誤解を招いたのかもしれません。

しかし、その一方で、政治家のほうもまた、特定の分野について専門的・技術的な知識を蓄積していきました。それが、いわゆる「族議員」です。族議員の中には、官僚をも凌駕《りょうが》するような専門知識をもつ者も現れました。

「族議員」は、専門知識を必要とする行政の領域へと踏み込んでいった政治家の姿だと言えるでしょう。

自民党の「族議員」と「調整型官僚」は、密接な提携関係を築きつつ、その下で複雑な利害調整を行いながら、様々な政策を実行してきたのです。

「調整型官僚」は政治の領域にも踏み込み、「族議員」は行政の領域にも踏み込む。政治と行政の間の境界は、こうして曖昧なものとなりました。

しかし、気を付けなければなりませんが、政治と行政の境界が曖昧になるという現象は、何も日本に限ってのことではありませんでした。１９７０年代の欧米諸国においても、政治と行政の境界は、次第に曖昧なものとなっていったのです。

なぜ、この時代、先進諸国では、政治と行政が相乗りするようになったのでしょうか。

それは、第2章で説明したように、戦後から1970年代までの成長戦略が「アメ型」だったことと関係があります。

「アメ型」成長戦略では、労働組合などの団体の力が強いため、政治や行政における利害調整が大変です。また、経済成長の速度が速く、人口も増えているので、社会福祉制度の充実、交通インフラの整備、住宅問題への対応、公害対策など、政府には課題が山積みになります。

このため、政治が行政の世界に乗り出し、行政も政治の世界に割り込まないと、問題を片づけることができなくなっていたのです。

いずれにしても、「政治家が政策を決定し、官僚はそれを執行するだけ」などということは、公民の教科書にはあっても、現実の世界にはあり得ないということです。

「改革派」官僚の登場

この時代の「調整型官僚」の生態を知る元水産庁長官の佐竹五六氏は、次のように証言しています。

（調整型官僚の）資質とは、制度に対する一定の理解力、数字への感覚、作文能力といった最小限の事務能力に加えて、豊富な人脈に基づく情報力、人間関係に対してセンシティブであること、折衝におけるねばり強さ、約束したことは必ず守るという信用、これらを総合した人間的器量ということに尽きよう。その時々に生起した課題に対する利害関係者の意向ないし反応を豊富な人脈を駆使して的確につかみ、制度の論理に即して関係者が受容し得る案を策定し、タイミングを図って提示するとともに関係者をねばり強く説得し、合意を成立させる能力ということである。[注30]

ところが、1980年代半ば以降、事務能力のみならず人間的器量をも備えた

「調整型」としての官僚のあり方に変化が生じることとなります。

行政学者の真渕勝氏は、1985～86年に、現役高級官僚の意識調査を実施しました。その結果、「調整型官僚」とは異なるタイプの官僚が現われたことが明らかとなったのです。

それは、「調整型官僚」とは違って、官僚の役割は政治が決めた政策の忠実な遂行に限定すべきであると考え、政治調整の中で行政独自の立場を主張しない官僚たちでした。

この新しいタイプの官僚たちは、「官僚は、政治から言われた通りに行動するだけでよい」と割り切っています。言わば、「政治家が政策を決定し、官僚はそれを執行するだけ」などという公民の教科書を額面通りに受け取ってしまっているのです。

この新しい官僚のタイプを、真渕氏は「吏員型官僚」と呼んでいます。この「吏員型官僚」の割合は、2001年の調査では、1985～86年のおよそ2倍に増え

注30　佐竹五六『体験的官僚論：55年体制を内側からみつめて』有斐閣、1998年、p.104

ていました。注31

「調整型官僚」は、政治家や利益集団との調整に多大な労力をかけ、阿吽《あうん》の呼吸で落としどころを探ります。当然ながら、その調整過程は不透明であり、結果は曖昧なものになりがちです。意思決定のスピードも遅くなる。

ところが、それが、新しいタイプの「吏員型官僚」には耐えられなくなっていました。「吏員型官僚」は、人間的器量に物を言わせるような古臭く面倒くさい調整を心底から嫌悪し、官邸主導のトップダウンにより迅速かつ明確な意思決定がなされるような行政改革を切望していました。

この新たな「吏員型官僚」の世代から、いわゆる「改革派」と呼ばれる官僚たちが登場することになります。

ここで興味深いのは、この「改革派」官僚が提唱する「改革」とは、「アメ型」成長戦略から「ムチ型」成長戦略への「構造改革」だということです。

先ほど述べたように、「アメ型」成長戦略を実行するには、官僚は、政治の指示に従って政策を執行するだけでは間に合わず、政治の領域にも踏み込んで、面倒な利害調整に多大な労力を注がなければなりません。

しかし、「ムチ型」成長戦略であれば、企業や労働者を厳しい競争にさらしておけばいいわけです。政府が、競争に負けた企業や労働者の面倒を見る必要はありません。

こういう発想に基づく「ムチ型」戦略であれば、官僚は、面倒な利害調整に関わる必要はありません。

こうして、「調整型官僚」の先輩たちの古臭く面倒な仕事ぶりにうんざりしていた若手の「吏員型官僚」は、「改革派」官僚となって「ムチ型」成長戦略に邁進していったというわけです。

注31 真渕勝「官僚制の変容：委縮する官僚」レヴァイアサン、2004年、村松岐夫・久米郁男編著『日本政治変動の30年：政治家・官僚・団体調査に見る構造変容』東洋経済新報社、2006年

「改革派」官僚が考えた内閣人事局

元経済産業官僚の古賀茂明氏は、「改革派」官僚の代表格とも言うべき人物です。古賀氏は、２００８年から09年にかけて、当時の渡辺喜美行革担当大臣下で国家公務員制度改革推進本部事務局審議官として、国家公務員法改正案を作成しました。その中で彼は、内閣人事局の創設を提案したのです。

内閣人事局は、その後の紆余曲折を経て、第二次安倍政権の下で実現することとなります。それが今では、「忖度」官僚を生み出す元凶として批判されているのです。

その批判とは、次のようなものです。

内閣人事局によって、官邸が幹部官僚の人事を一元的に掌握するようになった。その結果、官僚が官邸（総理大臣）の意向を過度に「忖度」するようになってしまった。それが、例えば財務省による公文書改竄などを引き起こしたのではないか。

私には、この批判は、おおむね当たっているように思います。

もっとも、この内閣人事局は、もとはと言えば、「政治主導」を実現するものとして期待されていた組織でした。

古賀氏自身も、その著書『日本中枢の崩壊』において、内閣人事局の創設を、従来の官僚主導の体制を改めて政治主導を実現するための切り札であると強調しています。

しかし、内閣人事局などを創設したら、行政の中立性や公平性が損なわれてしまうであろうことは、いわゆる「改革派」ではない者には、初めから、火を見るよりも明らかでした。だからこそ、反対が強く、なかなか創設には至らなかったのです。

私も、2012年に出版した『官僚の反逆』の中で、古賀氏の内閣人事局構想を批判して、次のように指摘していました。

第二に、より重大なことであるが、政権の意に適う官僚を登用するシステムは、政治家の介入による情実人事を引き起こすおそれが強い。また、幹部職員の側からも、出世のために、特定の政治家にすり寄ったり、特定の政治家集団と癒着したりする者がかならず出てくるだろう。そうなると、政権が交代するたびに、政治の介入によって行政のあり方が大きく変動するようになるので、政策の予測可能性も損なわれることになる。別の側面から言えば、時の政権の判断が間違っている場合であっても、公務員が異論を唱えたり、再考を促したりすることが難しくなるという事態を招くのである。[注32]

今となっては、内閣人事局の弊害は、誰の目にも明らかであるように思われます。しかし、今日に至ってもなお、古賀氏は「内閣人事局自体が悪いのではなく、安倍政権が悪いのだ」という論陣を張って、懸命に弁明しています。

ところが、驚くべきことに古賀氏は、その弁明の中で、こうも書いているのです。

実は、安倍政権の下では、おそらく、内閣人事局など必要なかったと私は考えている。元々あった、国家公務員法上の大臣による公務員に対する人事権があれば、いかようにもできる。大臣は安倍総理の言いなりだから、それに指示すれば官邸主導人事など簡単に実施できるのだ。[注33]

これに関しては、まったく古賀氏の言う通りです。

そもそも国家公務員法上の大臣による公務員に対する人事権があれば、政治主導は可能なのです。内閣人事局を創設しなくとも、すでに政治主導は実現していたのです。

ただ、先ほど述べたように、官僚は、以前から、政治に対して「予測的対応」あるいは「忖度」をしつつ、政治に対して忠実に職務をこなしていました。だから大臣たちは、国家公務員法上の人事権があっても、それを振り回すことはめったにありませんでした。

そもそも、どんな組織でも、トップがやたらと人事権を振り回すようなことをすると、部下が委縮して、組織自体がおかしくなるものです。昔の政治家は、そのことをよく分かっていたので、人事権を振り回すことはしなかったのでしょう。

古賀氏も、大臣は、すでに人事権という強い力を持っていたことを認めています。

注32　中野剛志『官僚の反逆』幻冬舎新書、２０１２年、p.56
注33　https://dot.asahi.com/dot/2017082700021.html?page=1

それにもかかわらず、古賀氏は、内閣人事局を廃止すれば、「昔の『官僚主導』の復活である」と説いています。ただし、どうしてそうなるのかは、まったく不明なのですが。

もっと問題なのは、そもそも、日本の政治が「官僚主導」であったという認識それ自体が、間違っているということです。

すでに述べたように、1955年体制以降の日本の政治は、官僚主導ではなく、政党主導でした。官僚は、以前から、政治家に「忖度」しながら、利害関係を調整し、政策を遂行してきたのです。

もともと、官僚の力は、さして強くはなかったのです。ところが、古賀氏ら「改革派」は、それを「強すぎる」と誤解して弱めようとし、内閣人事局などというものを創設しようとしました。

そして、内閣人事局ができた結果、官僚は大幅に無力化され、ついには、行政の中立性や公平性を保つことすら難しくなってしまったのです。

レント・シーキング活動と行政改革

ここで、例の「レント・シーキング活動」の件を思い出してください。

実は、レント・シーキング活動を進める上では、行政の中立性や公平性を旨とする官僚組織は邪魔でしかありません。したがって、官僚を無力化することが決定的に重要になります。

レント・シーキング活動を促進する「ムチ型」の構造改革の中に、行政改革も含まれていたのも、当然と言えるでしょう。

改革派（を装ったレント・シーカーたち）は、この官僚を弱体化させる行政改革を進める上でも、デフレ下でたまった国民のルサンチマンを利用し、「日本は官主導の国」などとでっち上げ、官僚バッシングを流行らせました。官僚自身による官僚バッシングの本である古賀茂明氏の著作『日本中枢の崩壊』も、大ベストセラーとなりました。

こうした雰囲気の中、「改革派」を名乗る政治家たちは、国民の人気をとるために、熱心に官僚を叩き、行政改革を進めてきました。例えば、２００９年に、国民の圧倒的な支持を受けて成立した民主党政権も、政権交代にあたって「脱・官僚依存」を標語として掲げていました。

そして、民主党政権の後を受けた第二次安倍内閣の下で、ついに内閣人事局が創設されたのです。

その結果、ただでさえ、小さく、強くもなかった日本の官僚組織は、さらに弱体化することとなってしまいました。

内閣人事局に首根っこを押さえられた官僚たちに、もはや、官邸と結びついたレント・シーキング活動に抵抗する力は、ありません。

このように、平成時代に行われた一連の行政改革は、レント・シーキング活動と深い関係にあります。

実は、古賀氏の『日本中枢の崩壊』の中には、内閣人事局構想以外にも、レント・シーキング活動との深い関係を示す記述があります。

この本の中で、古賀氏は、国家公務員の年功序列制度を「平成の身分制度」だと断じます。国家公務員は、公務員試験にさえ通れば、年功序列で60歳まで地位が安泰であり、退職後も「天下り」で生活が保障されるので、これは「身分制度」だと言うのです。[注34]こうやって、古賀氏は、国民の国家公務員に対するルサンチマンを煽っているのです。

その上で、古賀氏は、この公務員の年功序列という身分制度を打破するために、官への民間人材の登用を進め、官民の出入りを自由にする「回転ドア」方式を導入することを提言するのです。[注35]

しかし、前章で指摘したように、この「回転ドア」方式こそ、アメリカにおけるレント・シーキング活動の主な手口の一つにほかなりません。その「回転ドア」を日本に導入すべきだと古賀氏は主張しているのです。

さらに古賀氏は、この本の中で、自分自身の官僚としての仕事ぶりを回想してい

注34 古賀茂明『日本中枢の崩壊』講談社、2011年、p.332
注35 古賀(2011, pp.157-160.)

ます。その中で彼は、通商産業省の産業組織室長だった時、村山富市内閣の下に設置された「行政改革委員会規制緩和小委員会」の裏方として働いた経験について、語っています。

ここで古賀氏は、規制緩和の流れを作る動きを、日本経済団体連合会（経団連）とともに進めたと述べているのです。[注36]

しかし、古賀氏が裏方を務めたという「規制緩和小委員会」の委員長こそ、誰あろう、オリックス・グループの宮内義彦氏だったのです。

前章で指摘したように、宮内氏には、利益誘導の疑惑や批判が絶えませんでした。もし、宮内氏がレント・シーキング活動をしていたとしたら、古賀氏はそれに手を貸したということになります。

少なくとも、レント・シーキング活動が行われやすい環境を作るのに、古賀氏が貢献したことは間違いありません。

念のため、補足しておきますが、私は、古賀氏がレント・シーキング活動に手を貸す行政改革に貢献したとは思いますが、それによって、古賀氏自身が利益を得たとは思っていません。

おそらく古賀氏は、私利私欲のためではなく、むしろ公共の利益のためと信じ、理想に燃えて、行政改革に邁進したのでしょう。

しかし、彼が実行した改革、そして実現を望んだ改革は、結果としては、レント・シーキング活動に利するだけの間違った改革だったのです。

どうしてそうなったのかは、もはや言うまでもないでしょう。

古賀氏の政治、行政、そして経済についての考え方が、根本的に間違っていたからです。

注36 古賀（2011, p.251）

第7章
諸悪の根源

税制とレント・シーキング活動

「レント・シーキング活動」とは、特定の集団が自分たちの利益のために、ルールや政策を誘導することです。

そうであれば、経済界が財政健全化や消費増税を政府に求めるのも、「レント・シーキング活動」の一種だと言えるでしょう。なぜなら、賃金上昇やインフレが起きないようにすることは、富裕層や経営者にとっては、貧困層や労働者を犠牲にして、自分たちの取り分を増やすことだからです。

例えば、日本の経済界は、財政健全化が重要であり、消費増税はやむを得ないと主張する一方で、法人税の減税を求めてきました。

本気で財政健全化が必要だと思うならば、法人税は減税ではなく、むしろ増税を主張すべきでしょう。しかし、経済界は、「国際競争力の強化」という、財政健全化とは別の論理ですり替えて、法人税減税を正当化してきました。

実際、グローバル化する世界の中で、各国の法人税引き下げ競争が激化しています。こうした中で、日本の法人実効税率は、２０１０年時点で40・69％であり、これは国際的に見て高いと言われてきました。

しかし、青山学院大学教授の三木義一氏によれば、企業の利益に対して、各種の非課税措置を適用した後に実際に課税された金額の割合は、日本は２０１０年で31・９％であり、これは英米独仏中韓のいずれよりも低かったとのことです。[注37]

注37　https://style.nikkei.com/article/DGXMZO7535949OX00C14A8000000?channel=DF280120166588&page=2

また、日本の法人税の負担の重さが国際競争力を削いでいるのかどうかも、疑わしい。

そもそも、企業の国際競争力への悪影響を見るのであれば、法人税に社会保険料を加えた「公的負担」で考えるべきだと思われます。

日本の企業の「公的負担」ですが、財務省によれば、平成18年3月時点において、自動車産業、電機産業、情報サービス産業のいずれにおいても、ドイツやフランスより軽かったのです。

これに対して、イギリスやアメリカと比較すると、自動車産業や電機産業の公的負担は日本のほうが確かに重い。しかし、自動車産業や電機産業の国際競争力は日本のほうが上でしょう。他方で、アメリカの情報サービス産業は日本よりも国際競争力がありますが、その公的負担は日本よりも重いのです。[注38]

これらを見る限り、日本企業の公的負担の重さが国際競争力を削いでいるとは言えないようです。

経済界は「グローバル化した世界では、法人税が重いと、企業は海外へと逃げてしまう」と主張するのですが、これも実際のところは、どうも怪しい。

経済産業省の海外事業活動基本調査結果概要確報（平成20年度実績）のアンケートによると、海外投資決定の要因の上位は「現地の需要の将来性」「良質で安価な労働力」「他の日系企業の進出実績」であり、「税制優遇措置」と答えた企業は8パーセントにすぎませんでした。

また、経済産業省の「公的負担と企業行動に関するアンケート調査中間報告（平成19年度）」でも、「法人実効税率が30パーセント程度まで下げられても国内回帰を検討しない」と答えた海外進出企業は7割近くになっています。つまり、法人税率がヨーロッパ並みとなっても、海外進出企業は戻ってこないというのです。

経済界による法人税減税の要求は、やはり、単なる「レント・シーキング活動」であったようです。

注38 https://www.mof.go.jp/tax_policy/tax_reform/outline/fy2010/zei001e.htm の資料5

とは言え、「財政健全化」を掲げている以上、法人税を減税するならば、代わりとなる「財源」が必要になる。そこで、経済界は、消費増税には賛成するのです。しかも、消費増税は、国際競争力を強化する上でも都合がよい。消費増税によるデフレ圧力で、賃金が上がらなくなり、人件費を抑制できるからです。

消費増税により、国内の消費需要が縮小します。しかし、グローバルに展開する企業にとっては、それほど困る話でもない。なぜなら、国内需要など放っておいて、海外の需要を獲りに行けばいいからです。

このように、経済界が財政健全化を求めるのは、自分たちの利益にとって都合がよいからなのです。[注39]

もっとも、日本の経済界は、そこまでずる賢く計算しているというわけではないのかもしれません。「日本は財政破綻する」と本気で心配しているのかもしれない。しかし、少なくとも、「自分たちが財政健全化や消費増税で苦しむわけではないから、それらに強く反対することもない」というのもまた、否定できないでしょう。

財政健全化が招くレント・シーキング活動

財政健全化への圧力は、規制緩和、民営化、ＰＦＩを通じた「レント・シーキング活動」を容易にするという面もあります。

例えば、ＰＦＩの大義名分は、内閣府が言うように「国や地方公共団体の事業コストの削減」、つまり財政健全化です。

日本が財政危機であるならば、公共サービスに対する公的な支出も難しくなるので、民間企業に任せることが正当化できるからです。

民間企業からすれば、日本が財政危機であるほうがありがたい。公共サービス分野という新たなビジネス・チャンスにありつけるかもしれないからです。

ちなみに、中央政府は通貨発行権をもっているので財政破綻はしませんが、地方

注39　以上の説明は、「政治決定説」によるものです。しかし、「政治決定説」だと、連合が、労働者に不利なデフレを引き起こす消費増税に賛成している理由が説明できません。この場合は、連合が間違った思想を抱いているという「思想決定説」で考えたほうがよいでしょう。

自治体には通貨発行権がない。このため、地方自治体が財政破綻することはあり得るのです。その意味で、「国の財政危機」は嘘話ですが、「地方の財政危機」は嘘話とは言い切れません。

とは言え、地方自治体の財政危機も、中央政府が地方自治体に対して財政支援をすれば、解決できるのです。

しかし、日本では、「国の財政危機」という嘘話が信じられてしまっているため、中央政府から地方自治体への財政支援も限られてしまっています。しかも、国から地方への財政支援の制限や縮小は、これまた平成の構造改革の中で、「地方分権」という美辞麗句で粉飾され、正当化されました。

その結果、地方自治体は財政的に苦しくなり、そうした中でも公共サービスを続けるために、ＰＦＩ事業の実施へと追い込まれていきます。これは、地方自治体への「ムチ」です。

国が地方自治体をＰＦＩへとムチ打って、民間企業にビジネス・チャンスを与えるのです。そして、その犠牲になるのは、一般市民であることは言うまでもありません。

財政健全化から移民政策へ

財政健全化は、移民政策を推進するための「ムチ」にもなっています。

移民を入れるべきだという議論の根拠の一つは、人手不足です。

日本では、人口減少が進んでいるので、人手不足になっている。だから、移民を入れるしかないというわけです。

しかし、移民を入れなくとも、人口減少や人手不足の問題を解決する方法はあります。

まず、人手不足ですが、これは設備投資や技術開発投資を積極的に進めて、生産性を上げれば、問題ありません。

いや、むしろ、人手不足で困るので、企業が設備投資や技術開発投資を進めれば、経済が成長する。経済が成長すると、また人手不足になるので、企業はさらなる設備投資や技術開発投資に励む。これこそが、「アメ型」成長戦略のシナリオです。

逆に言えば、企業がこれまで積極的な設備投資や技術開発投資を行ってこなかったので、人手不足で困っているのです。

では、なぜ、企業が投資を怠ってきたのかと言えば、それはデフレであり、需要不足であるからです。

ならば、財政支出を拡大して、需要不足を解消し、デフレからインフレへと転じればよい。そうすれば、投資が拡大して、生産性が向上します。

しかし、この「アメ型」成長戦略による人手不足問題の回避を妨げているのが、財政健全化なのです。


ちなみに、「人口減少だから、経済成長は望めない」という意見をよく聞きますが、人口が減少しても、一人当たりのGDPが成長することは十分あり得ますし、それによってGDP全体が成長することもあります。実際、京都大学の藤井聡教授が示すように、日米欧各国の人口増加率とGDP成長率の関係を見ると、「人口成長率が低いから、GDP成長率も低くなる」とは言えません（図8）。

それでも人口減少が問題だと言うのであれば、人口を増やすような政策を実行すればよいでしょう。

図8◎人口増加率とGDP成長率との関係

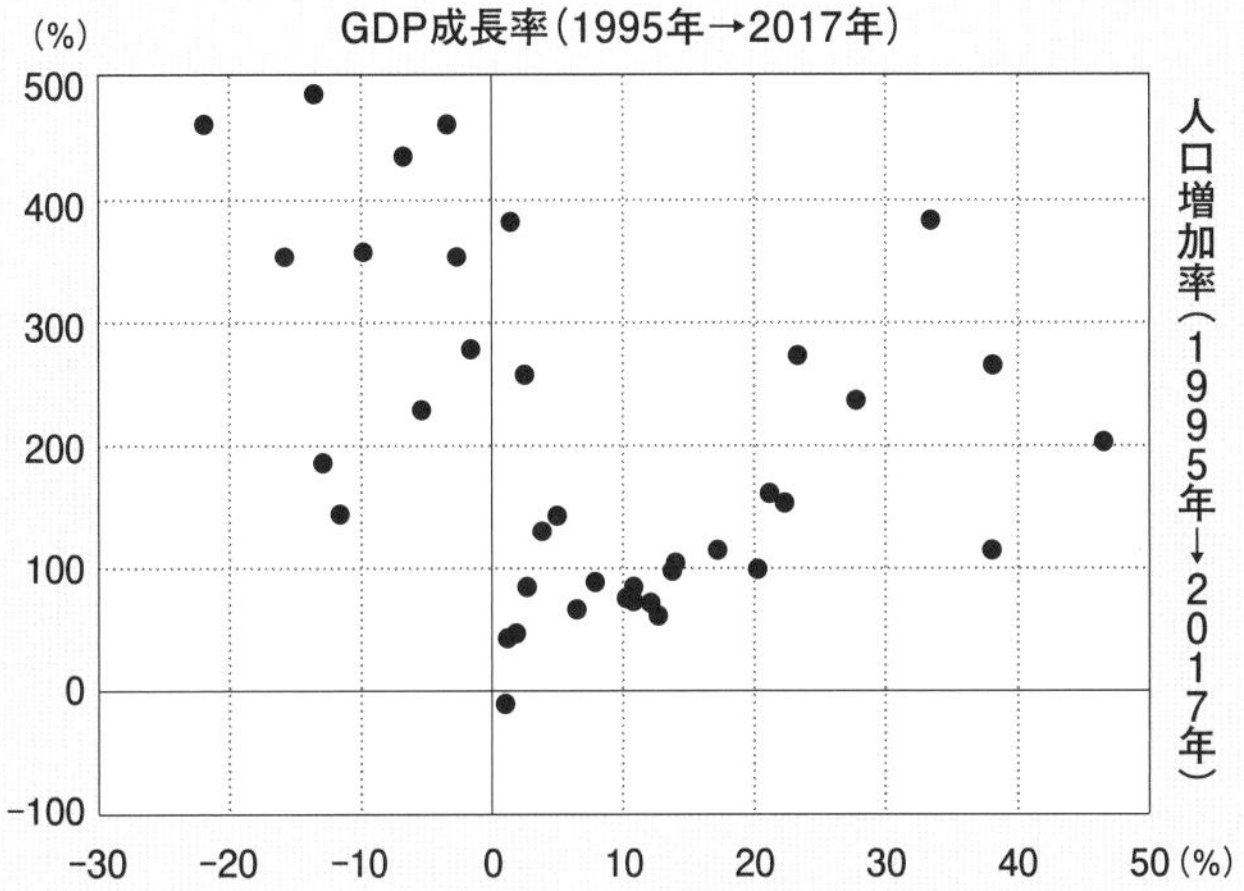

出典)藤井聡『「10%消費増税」が日本経済を破壊する:今こそ真の「税と社会保障の一体改革」を』晶文社、2018年 p.70

少子化の原因は、様々でしょうが、経済的な原因があることも否定できません。具体的に言うと、一つには、保育園の整備や学費負担の軽減など、少子化対策のための政府支出が十分ではないということがあります。

そして、もう一つは、そもそもデフレで国民が貧困化しているので、未婚や晩婚が増えたり、子どもを産まない夫婦が増えたりしているということです。家族をもったり、子どもを育てたりするには、費用がかかります。住宅や教育のためのローンもある。しかし、債務負担が実質的に膨らんでいくデフレでは、ローンを組むのは大きなリスクです。

特に、雇用が長期的に安定しているかどうかの心理的影響は、大きい。子どもを一人前に育てるまでには20年ほどかかります。その20年の間に失業するリスクが高ければ、子どもをもつことをためらわざるを得ないでしょう。

試みに、内閣府の「家族と地域における子育てに関する意識調査」(平成25年度版)を見てみましょう。

日本の若い世代に「未婚」「晩婚」が増えている理由の1位は「独身の自由さや

気楽さを失いたくないから」（51・9％）ですが、2位は「経済的に余裕がないから」（47・4％）です。

また、既婚者に希望する子どもの人数を聞いたところ、回答の平均は2・2人でした。子どもが二人以上欲しい夫婦は、少なくないのです。

そして、子どもをもつ場合の条件についての回答は、「働きながら子育てができる職場環境であること」が56・4％と最も多いですが、「教育にお金があまりかからないこと」が51・9％、「地域の保育サービスが整うこと」が46・2％、「雇用が安定すること」が41・9％と、経済的な理由も大きなウェイトを占めています。[注40]

したがって、デフレを克服し、経済成長を実現し、さらに少子化対策のための公共サービスを充実させれば、人口の減少の程度はかなり軽減できるはずです。人口は、経済政策によって、かなりの程度、増やせるということです。

しかし、それも、財政健全化が台無しにしている。

注40　https://www8.cao.go.jp/shoushi/shoushika/research/h25/ishiki/index_pdf.html

財政健全化こそが、少子化や人口減少の原因なのです。もしかしたら、最大の原因ですらあるかもしれません。

ついでに言えば、「ムチ型」成長戦略による労働者保護規制の緩和もまた、雇用の安定を脅かすことを通じて、少子化に貢献しています。

もっとも、先ほど言ったように、仮に人口減少が続くとしても、生産性（あるいは、一人当たりのGDP成長率）が向上すれば、人手不足の問題は緩和するし、経済も成長します。ただし、生産性の向上は、「需要不足／供給過剰」のデフレ下では、供給過剰をもっとひどくし、デフレを悪化させるので逆効果になってしまいます。

そこで、生産性を向上させるより先に、デフレから脱却している必要があります。

また、中長期的な生産性の向上には、設備投資や技術開発投資が不可欠であり、その投資が積極的に行われるためにも、デフレから脱却していなければなりません。貨幣価値が上昇するデフレである限り、企業は投資支出を控えざるを得ないからです。

いずれにしても、デフレ脱却が大前提なのです。

しかし、デフレ脱却の最大の手段である財政出動や消費減税・投資減税が、財政健全化によって阻まれています。

また、政府が、技術開発投資を拡大したり、交通インフラを整備したりすることで、生産性を向上させるという手段もまた、財政健全化が阻んでいます。


こうして、財政健全化のせいで、生産性を上げられないまま、人口減少や少子高齢化が進めば、人手不足が深刻化します。人手不足は、移民政策を進める上で、有力な口実です。

こういうわけで、移民を入れることで賃上げを阻止したい経営者や投資家たちが、財政健全化を支持するのは、理に適っているというわけです。

裏を返せば、財務省や主流派経済学者のように、財政健全化を進めたい人々にとっても、移民政策は好都合です。移民が入ってくれれば、少子化対策や生産性向上のための予算を削ることができるからです。

このようにして、移民推進論と財政健全化論は、お互いをがっちりと補強し合うのです。

しかし、移民推進論と財政健全化論が手を組んだ結果、移民の流入は増えるでしょうが、財政健全化のほうは実現しないでしょう。

なぜなら、低賃金労働者である移民の流入は強力なデフレ圧力を発生させますが、デフレが続く限り、税収は伸び悩むので、財政健全化は不可能だからです。

少子化対策のための財政支出を惜しみ、移民を流入させれば、デフレが続いて、財政赤字は減らない。そこで、また人口が減少し、移民のさらなる流入を余儀なくされる。この悪循環の繰り返しです。

日本は、すでに、この悪循環の中へと巻き込まれているのです。

ただし、この悪い循環は、財政支出の拡大によって、移民推進の根拠を破壊することができるのであれば、食い止めることができます。そう考えると、諸悪の根源はやはり、財政健全化であると言えるでしょう。

財政健全化論さえ打ち破れば、日本が抱える問題の全部ではないにせよ、かなりの部分が解消され、未来にかなり明るい展望が開けるはずです。

しかし、そうは問屋が卸さない。

というのも、レント・シーカーたちにとっては、財政出動だけで、簡単に経済成長が実現したりなんかしては、困るのです。

なぜなら、経済が成長してしまったら、経済成長を口実とした改革、例えば、法人税減税、規制緩和、自由化、民営化、ＰＦＩ、移民の受け入れといったビジネス・チャンスが潰れてしまうからです。

第8章 エリートたちの勘違い

元大物次官の述懐

前章までの議論で明らかにしたように、「ムチ型」成長戦略と財政健全化は、賃金の抑制圧力となり、レント・シーキング活動の機会を拡大するので、経営者や投資家にとっては、大きなメリットがあります。経済界が、構造改革やグローバル化、あるいは財政健全化を支持する理由も、これで分かります。

しかし、財務官僚は国家公務員ですから、賃金を抑制したいとは思っていないし、レント・シーキング活動に至っては、当然ですが禁じられています。

それならば、なぜ、財務省は財政健全化、特に歳出削減と消費増税にあれほど固執しているのでしょうか。『目からウロコが落ちる　奇跡の経済教室【基礎知識編】』や本書第1章で説明したような、誰でも分かるような簡単な理論を、どうして理解できないのでしょうか。

これは、なかなか難しい問題です。

とりあえず、手始めに財務省OBが表明している考え方の中に、その答えを探してみましょう。

元大蔵事務次官（1993〜95年）の齋藤次郎氏は、平成28年9月号の『文藝春秋』誌の特集「戦前生まれ115人から日本への遺言」の中で、政府の債務残高がGDP比で230％に達したことを踏まえて、こう書いています。

破産寸前と言われたギリシャの一七八％を上回る。終戦直後の国家破産というべき大インフレの時期さえ、二〇三％であった。危機的状況と言える。

『目からウロコが落ちる　奇跡の経済教室【基礎知識編】』や本書第1章の説明をご理解いただいた方々には、もはや釈迦に説法でしょうが、復習を兼ねて、齋藤氏の間違いを指摘しておきましょう。

日本の対GDP比の政府債務残高が、破産寸前と言われたギリシャを上回っているのに、日本の十年物国債の金利は極めて低く、何と一時マイナスを記録したほどでした。[注41]つまり、日本の国債が、買われまくっているということです。なぜ、財政危機のはずの国の国債の金利にこんなことが起きているのでしょうか。

本来であれば、このことをもって、「対GDP比の政府債務残高の数値は、財政危機とは関係がない」と考えなければならないのです。

再び確認すれば、ギリシャが財政危機になってしまったのは、その国債がユーロ建てであって、日本政府と違って、自国通貨建てではないからです。自国通貨建て国債であれば、デフォルト（債務不履行）になることはあり得ません。

そして、終戦直後の財政赤字が問題だったのは、齋藤氏自身が言っているように「大インフレ」だったからです。しかし、平成の日本は、大インフレどころか、長期のデフレではないですか。

終戦直後の財政赤字を引き合いに出して、現在を「危機的状況」と評するのは、根本的な誤りです。財政赤字が多すぎるか少なすぎるかは、インフレ率（物価上昇率）をもって判断すべきなのです。

ここで、きわめて面白い事実を指摘しておきましょう。

平成14年に、海外の格付け会社が日本国債の格付けを引き下げました。すると、財務省は、格付け会社（ムーディーズ、S&P、フィッチ）宛に、質問状を発出しました。そこには、こう書かれています。

貴社の格付け判定は、従来より定性的な説明が大宗である一方、客観的な基準を欠き、これは格付けの信頼性にも関わる大きな問題と考えている。

従って、以下の諸点に関し、貴社の考え方を具体的・定量的に明らかにされたい。

注41 https://www.jpac.co.jp/e-pbo/bond/bond10.html

（1）日・米など先進国の自国通貨建て国債のデフォルトは考えられない。デフォルトとして如何なる事態を想定しているのか。
（以下省略）

これは、まったく財務省の指摘の通りです。さすが財務省だけあって、実は、日本政府がデフォルトにはならないことを知っているのです。

この財務省の質問状に対して、格付け会社は何か反論したようです。すると、財務省は、再質問の文書を発出しました。そのうち、ムーディーズ宛の文書には、こう書かれています。

第二に、貴社も、ソブリン債の格付けに当たっては、財政指標だけではなく、経済のファンダメンタルズも考慮しているとしているが、貴社の回答や公表資料は、結局は単純に政府債務のＧＤＰ比率等を引き合いにして特定の格付け水準の結論を出している。格付けの説明変数は、財政指標のみでないはずである。国債の格付けに当たって、なぜ、財政指標がほとんど常に経済のファンダメンタルズに比し、圧倒的に重要であるのか、明確に説明されたい。
ところで貴社は、日本の政府債務が「未踏の領域」に入ると主張しているが、巨額の国内貯蓄の存在という強みを過小評価しており、また、戦後初期の米国はGDP120%超の債務を抱えていたし、1950年代初期の英国は、同200%近くの債務を抱えていたという事実を無視している。また、貴社の格付けは、日本政府の債務支払い能力に対する市場の信頼を反映した低い実質金利とどのようにして整合性をとっているのか説明がされていない。[注42]
この指摘も、だいたい正しい。[注43] しかし、そうだとすると、財務省があれほど財政健全化を急いでいる理由が、ますます分からなくなってきます。

注42 https://www.mof.go.jp/about_mof/other/other/rating/index.htm
注43 ただし、この質問状の中で、財務省が「巨額の国内貯蓄の存在という強み」があると指摘していますが、巨額の国内貯蓄の有無は、政府債務がデフォルトするかしないかとは何の関係もありません。「特別付録①」や『目からウロコが落ちる 奇跡の経済教室【基礎知識編】』第六章で説明したように、赤字財政支出が貯蓄を増やすのだからです。

とりあえず、齋藤次郎氏の論考に戻りましょう。

（人口が）今後も減り続ける国の場合、高い成長は望むべくもない。事実、我が国は、先進諸国の中で、成長率の最も低い国の一つである。成長による税収には、期待出来ない。増税以外の方法は無い。

これも、よくある見解ではありますが、間違っています。

デフレなので財政健全化の必要はないという「そもそも論」はとりあえず脇に置いておくとしても、税収を増やす方法が増税以外にないというのは、おかしい。

そもそも、「税収＝税率×国民所得」なのですから、国民所得が増えれば税収は増える。もし、経済成長（国民所得の増大）による税収には期待できないのであれば、税率を上げることによって税収を期待することも難しいでしょう。

また、前章で明らかにした通り、人口が減ると経済成長は望めないというのは間違いです。人口が減少しても、生産性の向上により、経済成長は可能です。

そして、これも前章で指摘しましたが、人口の減少は、経済政策によって食い止めることが可能です。政府支出を拡大して少子化対策を行ったり、財政出動によってデフレ脱却と国民所得の上昇を実現したりすればよいのです。そうすれば、人口が増えていき、そして（齋藤氏の説が正しければ）高い成長が望めるし、成長による税収にも期待できるということになる。

しかし、そうした人口を増やす政策を不可能にしているのは、財政健全化ではありませんか！

自己実現的予言

齋藤氏の論理は、「人口減少で高い成長は望めないから、増税しかない」というものです。つまり、人口減少という口実によって、増税を正当化している。

しかし、実際には、増税を正当化する口実である「人口減少」を作り出しているのは、増税なのです。

こうして、「人口減少→増税→もっと人口減少→もっと増税」という悪循環が生じます。

こういう悪循環を、社会学の用語で「自己実現的予言」と言います。

この「自己実現的予言」という概念は、日本がデフレから抜け出せなくなった理由を考える上で、非常に重要なカギとなります。

「自己実現的予言」の例として、次の二つがよく挙げられます。

一つは、銀行の取りつけ騒ぎの例です。

A銀行は、健全な経営を行っていたにもかかわらず、「A銀行は破綻する！」という間違ったうわさが広まったとします。

すると、そのうわさに焦った預金者がA銀行に殺到して、いっせいに口座から現金をおろしてしまいました。その結果、健全な経営をしていたはずのA銀行が、本当に破綻してしまったのです。根も葉もないうわさ話が、本当に現実化してしまったということです。

もう一つの例は、黒人差別の問題です。

かつてアメリカ社会には、「黒人は、知能が低い」という偏見がありました。言うまでもなく、この偏見は誤りであり、黒人だから知能が低いなどということはあり得ません。

ところが、こういう偏見のあったアメリカ社会では、「知能が低い黒人には、教育を受けさせても無駄だ」という思い込みがあったため、黒人たちはまともな教育を受けさせてもらえませんでした。教育を受けていない黒人は、知的にふるまうことができません。それを見たアメリカの人々は、「黒人は、知能が低い」という話をいっそう強く信じるようになってしまいました。


この二つの例と同じように、「人口減少は止められないから、増税しかない」というのも、「自己実現的予言」と化しています。

「人口減少だから、増税しかない」という思い込みによって増税がなされ、その結果、人口減少が本当に止められなくなる。すると、「ほら、やっぱり、人口減少は止まらないではないか。ならば、増税しかないね」というわけで、増税が必要という思い込みがいっそう強くなる。

齋藤氏は意識していないのでしょうが、彼のような主張は「自己実現的予言」なのです。こうした「自己実現的予言」になりかねない主張というのは、単なる発言に止まらず、実際に世の中に悪影響を及ぼすのです。

もう一つ、日本をデフレから抜けられなくしている「自己実現的予言」の例を挙げておきましょう。「今後の日本では、もはや内需の成長には期待できないから、国際競争力をつけ、グローバル市場に打って出て、外需を獲得していくしかない」という主張です。これも、よく聞く話ですね。

しかし、グローバル市場で外需を獲得するためには、企業は、世界中のライバル企業との激しいコスト競争を勝ち抜いていかなければなりません。そのためには、賃金を上げられなくなる。むしろ、賃金を下げ、雇用を絞り、人件費をカットしていかなければなりません。「ムチ型」成長戦略ですね。

賃金が上がっていかないのならば、日本の労働者は消費を増やすことができず、内需は縮小していきます。このように、内需縮小の原因は、実は、外需頼みの成長戦略をとったことにあったのです。

ところが、これが「ほら、やっぱり内需の成長には期待できないではないか。やはり、外需を獲得するしかない」という話になり、ますます外需獲得の成長戦略を追求していくことになってしまうのです。

「内需には期待できないから、外需を獲得するしかない」という思い込みが、本当に外需依存の経済を作ってしまう。まさに「自己実現的予言」です。

この恐ろしい「自己実現的予言」を防ぐ方法は一つしかありません。

それは、真実を広めることです。

A銀行の例で言えば、人々に「A銀行の経営は健全だ」という真実を分かってもらうよう、説得するしかありません。

黒人差別の例で言えば、「黒人は知能が低い」などというのは、根拠のない恥ずべき偏見だ」という真実を広めるしかありません。

「人口減少だから、増税以外に手段はない」という思い込みについても、人口減少と経済成長とは関係がないこと、人口減少は経済政策で止められること、そして、そもそも日本は財政危機ではないこと、こうした真実を広めるしかないのです。

これこそ、まさに本書が目指していることです。

国民の品格？

齋藤次郎氏の主張に戻りましょう。

齋藤氏は、その論考の末尾でこう書いています。

国民一人一人は、子孫の為なら我慢してもいいと考えている。しかし、国全体となると、税負担の増加を嫌がり、今迄通りのサービスを望み、子孫にツケを回している。国の財政は、国民の財政であり、その状況は国民の品格を体現している。私は、日本国民の矜持を信じている。

もっと率直に言えば、財政赤字は「サービスを求めながら、そのためのコスト負担は嫌がり、子孫にツケを回す」という国民の品格の卑しさを体現している、と齋藤氏は言いたいのでしょう。

そして、消費増税に賛成することは「日本国民の矜持」になってしまっています。

このように、齋藤氏の中では、財政問題が、国民の品格論・精神論の問題へとすり替わってしまっているのです。

そう言えば、『目からウロコが落ちる　奇跡の経済教室【基礎知識編】』第十四章で紹介した経済学者の井手英策氏もまた、「全国民に批判されても、僕が『消費税を上げるべきだ』と叫ぶ理由」と題する論考において、こう叫んでいました。[注44]

注意してほしいことがある。日本の財政は空前の債務に苦しんでいる。でも、それは、単なる収入と支出のアンバランスの結果ではないのだ。

ともに生きることを受け入れようとしない人たちは、自らの負担に、自分以外の者に使われる税に、強い抵抗を示す。分断された社会の象徴が財政赤字の積み重ね、政府債務だ。危機的な財政の裏側には、引き裂かれた社会という慄然たる現実が横たわっている。


齋藤氏と同じように、井手氏もまた、財政赤字は、「単なる収入と支出のアンバ

注44　https://gendai.ismedia.jp/articles/-/58620

ランスの結果」ではなく、「ともに生きることを受け入れようとしない」日本人の品格や精神の問題だと考えているのです。

では、齋藤氏と井手氏に問いましょう。

1980年代後半、日本の財政赤字は縮小し、1990年には黒字に転じました。しかし、それは、日本経済がバブル景気に浮かれ、税収が急増していたから、実現したことです。

政府部門が債務を減らしたということは、民間部門が債務を増やしているということの裏返しです。

そもそも、誰かの債権は、別の誰かの債務だからです。

つまり、民間部門がバブルで浮かれて債務を増やしまくれば、政府部門の債務が減って財政が健全化するのは、当然のことなのです。

さて、バブル経済のおかげで健全化した財政は、ともに生きることを受け入れた日本国民の品格の素晴らしさを体現しているとでもいうのでしょうか？

ちなみに、齋藤氏のように、財政赤字を「子孫へのツケ回し」と表現する人は、非常に多くいます。

これは、「国債の償還の原資は、税金によってまかなわなければならない」と考えているから、そう思うのでしょう。

しかし、『目からウロコが落ちる　奇跡の経済教室【基礎知識編】』でも論じたように、国債の償還をするのに増税はまったく必要ありません。国債の償還期限が来たら、新規に国債を発行して、それで同額の国債の償還を行う「借り換え」を永久に続ければいいからです。

仮に百歩譲って、国債の償還の原資をまかなうという名目で、増税をするのだとしても、現世代が将来世代にツケを回していることにはなりません。

それは、なぜか。

よく考えてみてください。国債の償還をするために、将来世代が政府に納めた税金を受け取るのは、誰でしょうか。

その答えは、「その将来世代に属する人々の中で、国債を保有している人たち」

です。

つまり、実際に起きていることは、将来世代の納税者から国債保有者へと、同じ世代の国民の間でお金が移っているだけなのです。右のポケットにある小銭を左のポケットに移したようなものです。

というわけで、将来世代の富は、減ってはいません。現在の世代が国債を発行しても、将来世代は貧しくはならないのです。

もっとも、国債保有者が外国人の場合には、納税者の富は国外に流れてしまうので、将来世代の富が減ったと言えるかもしれません。[注45] しかし、日本国債のほとんどは、国内で保有されています。例えば、平成30年12月末時点を見てみると、海外はわずか6・4％にすぎません。[注46]

したがって、日本では、なおさら、現世代の財政赤字によって、将来世代の富が減るわけではない。同じ世代の国民の間で、富の持主が変わるだけなのです。これを、現世代の将来世代への「ツケ回し」とは言わないでしょう。

「将来世代へのツケ」どころか、国債は、れっきとした国民の「資産」です。そして、赤字財政支出によってインフラ投資や教育投資が行われたのならば、インフラや教育という資産が将来世代に残ることになります。

皮肉なことに、あの財務省が、個人向け国債の広告動画を発信していますが、その中でも、こんなナレーションが流れています。

「それは、未来への贈り物。個人向け国債[注47]」

そうです。国債は将来世代へのツケではなく、「未来への贈り物」なのです。財務省は、よく分かっているではないですか。

ならば、どうして財務省は「未来への贈り物」を減らそうと頑張っているのでしょうか？　理解不能ですね。

もちろん、将来世代の納税者から国債保有者に富が移るということは、格差を拡

注45　なお、ここで言っていることは、財政破綻論とは何の関係ありません。よく、「今は、国債のほとんどを国内貯蓄で消化しているから金利は低いが、外国人が国債を買うようになったら、金利が上昇する」という議論を見かけますが、これは誤りです。赤字財政支出は、それと同額の民間貯蓄を生むのであって、民間貯蓄が財政赤字をファイナンスしているわけではありません。また、赤字財政支出それ自体が金利を上昇させることもありません。これについては、本書第1章や「特別付録①」を参照するか、『目からウロコが落ちる　奇跡の経済教室【基礎知識編】』第六章をお読みください。

注46　https://www.mof.go.jp/jgbs/reference/appendix/breakdown.pdf

注47　https://www.youtube.com/watch?v=TsYTFhQAqaA

大させる方向に働く所得配分になります。だからこそ、増税、とりわけ逆進性のある（低所得者の方が負担感の大きい）消費税の増税によって、国債の償還を行うべきでないのです。

いずれにしても、財政赤字が子孫へのツケ回しではないのならば、国の財政の問題は、国民の品格の問題とは、ますます無関係ということになります。

それどころか、現世代が財政赤字を拡大しないことで、かつインフラや技術開発あるいは教育といった遺産を残さずに、むしろデフレという負の遺産を残すようなことになったら、将来世代の富は、それこそ減るのです。

財政健全化という現世代の愚かな政策こそ、「将来世代へのツケ」なのです。

財政を精神論で語ることの危険性

齋藤氏も井手氏も、見方によっては、国民の品格や社会のあるべき姿といった、大所高所から財政問題を論じているとも言えます。財政論を、単なる収支計算や経済のレベルではなく、精神論や道徳哲学のような、より高尚なレベルへとひきあげているわけです。

とはいえ、「日本の財政赤字は、問題だ」という認識がそもそも間違っている以上、その間違った認識を高尚に論じ直したところで、間違いは間違いなのです。

しかも、財政論が精神論や道徳論にすり替えられてしまうと、話はかなりやっかいになります。

精神論や道徳論には、冷静な分析的議論を難しくする傾向があります。精神の卑しさや不道徳は、許しがたく、妥協しがたいものだからです。正義感が強い人や生真面目な人にとっては、ますます、そうでしょう。

このため、財政赤字が大きいことが精神の卑しさや不道徳を表していると思い込んでしまった人にとって、財政赤字の拡大は絶対に許せないものになります。

そんな彼らには、「財政赤字が大きくても問題ない」と主張する者は、道徳心が欠けているようにしか見えないでしょう。まして、私のように「財政赤字をもっと大きくしろ」などと言った日には、放蕩息子扱いされるのが関の山です。

あえて好意的に言うならば、精神論や道徳論から財政健全化を訴える人は、高尚な精神や道徳心の持ち主が多いのかもしれません。

実際、政治家でも官僚でも学者でもいいですが、財政健全化論者には、人格的に立派な人が少なくないというのが、私の印象です。

おそらく、齋藤氏をはじめとする財務官僚や、井手氏も、高潔な人格者なのでしょう。そして、高潔な人格者たちが真摯に訴えかけるからこそ、財政健全化の必要性が広く信じられているのでしょう。

しかし、人格者であろうが聖人であろうが、間違っているものは、間違っているのです。

むしろ、高潔な人格者たちが、真摯に「間違った財政論」を訴え続けてきたせいで、日本は長い停滞を余儀なくされ、国民は苦しんできたのです。

財政赤字と民主政治

１９９０年代前半の大蔵省の次官だった齋藤次郎氏が、今もなお、消費増税を受け入れることを「国民の矜持」だと信じ、そして財務省が財政健全化と消費増税にやっきになっているところを見ると、齋藤氏のような思想は、財務省という組織に受け継がれる伝統のようなものなのかもしれません。

念のため、もう一人の元財務次官の見解も検証してみましょう。2000年から2002年にかけて財務次官を務めた武藤敏郎氏です。

武藤氏は、次のように述べています。

政治家は「国民の声を聞く」とよく口にしますが、何でも国民の声で決めるなら、世論調査で国政をすればいい。政治家は不要です。時には「苦い薬を飲まないといけない」と国民を説得することが、真の政治判断ではないでしょうか。[注48]

注48 https://webronza.asahi.com/business/articles/2018070500008.html

国全体、国の将来を考えることが政治家の大きな役割とすれば、増税や財政再建についても政治主導で国民に語り、説得する必要があると思います。

国民の声を聞くと盛んに言った首相がいましたけれど、その言葉は国民には甘美に聞こえるのですが、財政問題はそれでは解決しないのです。誰もが歳出拡大を望みますし、増税は嫌がります。

もちろん国民の声を聞くことは重要ですが、常にそれでやるのをよしとしていたら、政治家は自分の信念は要らないということになりかねません。負担配分の時代には、政治家の力量が問われます。[注49]

武藤氏の増税論もまた、「時には『苦い薬を飲まないといけない』と国民を説得することが、真の政治判断」という政治哲学によって正当化されてしまっています。

もちろん、政治家は、国民の声を聞くだけでは駄目です。国の将来のために、時には「苦い薬を飲まないといけない」と国民を説得しなければならないこともある。これだけの話であれば、まことに、まっとうな政治哲学だと思います。

例えば、国全体のゴミ問題を解決するために、どこかに廃棄物処分場を造らなくてはならないとします。しかし、廃棄物処分場の建設予定地周辺の住民は、えてして、建設反対に回るものです。こうした場合には、政治家は、廃棄物処分場を建設するべく、嫌がる周辺住民を説得しなければならないという局面もあるかもしれません。

武藤氏の言う「時には『苦い薬を飲まないといけない』と国民を説得することが、真の政治判断」だというのは、確かに正論です。

しかし、問題は、この廃棄物処分場の建設の例とは違って、デフレ下での増税や財政健全化は、国の将来のために、国民が飲まないといけない「苦い薬」ではないというところにあります。いや、むしろ、飲んではいけません。毒薬なのですから。政治家や官僚が間違って処方した毒薬を、国民に無理矢理に飲ませるために、政治家の力量を発揮などされても、迷惑でしかありません。

注49 https://diamond.jp/articles/-/173270?page=4

民主政治とインフレ

実は、かつて、財政赤字の拡大を民主政治と結びつける理論というものがありました。

1970年代、サミュエル・ハンチントン、ミッシェル・クロジエ、綿貫譲治という3人の社会科学者が「民主主義の統治能力」を問題視する研究を発表しました。

ハンチントンたちは、おおむね、次のように論じました。

1960年代のアメリカでは、ベビー・ブームで急増した若い世代が、既存の政治的権威を否定し、政治参加や福祉を一方的に要求するようになった。このため、政府の福祉政策は膨張していった。他方、増税のような不人気な政策は、民主政治では決定できなかった。その結果、財政赤字が拡大していった。

また、政府職員の労働組合は賃上げ要求とストライキを繰り返したが、権威が失墜した政府は、労働組合を抑えることができなかった。

この財政赤字と賃上げによって、悪性のインフレが起きた。

要するに、財政赤字とインフレは、民主主義が過剰になったせいであるというわ

けです。注50

ハンチントンたちと同じ頃、経済学者のジェームズ・ブキャナンもまた、民主政治が財政赤字とインフレを引き起こしたという理論を発表しました。

その理論は、簡単に言えば、次のようなものでした。

民主政治においては、政治家は、選挙で勝つために、有権者にいい顔をし、利益誘導や手厚い福祉を約束しがちである。その結果、民主政治の下では、必要以上の政府支出が行われるようになり、需要が過剰となる。その結果、財政赤字が拡大し、インフレが起きる。

インフレが過剰になるならば、政府は、需要を抑制するような経済政策を実行すればよいはずだ。しかし、経済理論的にはそうかもしれないが、実際の政府は、民主政治が動かしている。民主政治は、政府支出の削減には同意しない。だから、インフレは止められないのだ。

注50　サミュエル・ハンチントン、ミッシェル・クロジエ、綿貫譲治『民主主義の統治能力：その危機の検討』サイマル出版会、1976年

そこでブキャナンらは、解決策として、憲法に均衡財政を規定して、民主政治を制限すべきだと論じました。[注51]

ハンチントンやブキャナンたちのように、財政赤字と民主政治を結びつける議論は、1970年代から80年代にかけて、非常に大きな影響力を持ちました。

日本でも、1975年に『文藝春秋』誌上で、「日本の自殺」という論文が発表され、話題となったことがありました。この「日本の自殺」もまた、民主政治の行き過ぎと堕落を、財政赤字とインフレに結びつけています。1980年代に第二次臨時調査会長などに就任して財政再建に取り組んだ土光敏夫は、「日本の自殺」から大きな影響を受けたと言われています。[注52]

武藤敏郎氏が言っていることは、このような財政赤字と民主政治を結びつける議論をほぼ踏襲したものであると言えます。

しかし、ハンチントンやブキャナンらの議論と、武藤氏の議論との間には、決定的な違いがあります。

それは、ハンチントンやブキャナンが問題視していたのは、財政赤字の拡大による「インフレ」の過剰でした。１９７０年代の先進諸国は、インフレに悩んでいたのです。

これに対して、現在の日本経済は「デフレ」なのです。デフレが意味するのは、需要や財政赤字の「過剰」ではなく、「過少」です。

武藤氏は、インフレとデフレの違いをまったく無視して、ハンチントンやブキャナンのような財政赤字を民主政治のせいにする議論を展開しているのです。

財政規律？

現在でも、財政健全化論者は「財政規律が緩み、財政赤字の拡大が始まったら、止められなくなる」と主張しています。

注51　James M. Buchanan and Richard E. Wagner, Democracy in Deficit: The Political Legacy of Lord Keynes, in The Collected Works of James M. Buchanan, Vol.8, Liberty Fund,2000.

注52　グループ１９８４年『日本の自殺』文春新書、２０１２年

なぜ、止められなくなるのか。財政健全化論者は、ブキャナン風に、こう続けます。

「インフレを止めるためには、財政支出の削減や増税が必要になる。しかし、歳出削減や増税は、国民に痛みを強いるので、国民が反対する。選挙で勝たなければならない政治家は、国民に不人気の歳出削減や増税を決断できない。」

こんなことを平気で言い募る財政健全化論者は、自分が言っている意味を分かっているのでしょうか。

というのも、「民主政治では、財政赤字が抑制できないから、財政規律が必要だ」というのは、国の予算や税については国会の議決を必要とする「財政民主主義」を否定するものなのです。

国会が民主的に財政を決める「財政民主主義」は、日本国憲法第八十三条で保障されています。

プライマリー・バランス黒字化目標のような「財政規律」なるものだって、国会が予算や税を決めるのを制限することはできません。それができたら、その「財政規律」は憲法違反です！

もちろん、武藤氏ほどの人物であれば、そんなことは百も承知でしょう。だから、武藤氏は、政治家が国民を説得することに期待をかけているのです。

エリート意識の倒錯

ところで、齋藤氏もそうでしたが、武藤氏の場合も、「国の将来のために、時には、負担を強いるようなことでも、国民を説得して行うのが、政治のあるべき姿だ」という高尚な政治論が、財政健全化論を正当化してしまっています。

武藤氏も、人格的には、立派な人物なのでしょう。

そして、おそらく、財務官僚たちは、齋藤氏や武藤氏をはじめとする高潔な人格の上司や先輩たちを見倣って、財政健全化論を自分の信念として固めていくのでしょう。尊敬に値する人格の上司や先輩が信じている財政健全化論が、よもや間違っているなどとは思われないからです。

私は、財政健全化論は害悪だと思っていますが、それを信じる財務省が腐った組織だとは必ずしも思っていません。

公文書の改竄などの問題があったのは事実ですが、それでも、財務官僚たちの多くは、公共精神にあふれた立派なエリートだと確信しています。

しかし、そうだからこそ、彼らは、財政健全化論に執着してしまうのです。

これまで繰り返し述べたように、経済政策が立派な精神論や道徳論によって正当化されてしまうと、修正が難しくなってしまうものなのです。

財務省が財政健全化の悲願を達成できないのは、財政健全化論が経済理論的に間違っているからにすぎません。

ところが、齋藤氏や武藤氏の議論を見る限り、財務官僚たちは、財政健全化論を精神論や道徳論で考えてしまっているようです。そうなると、彼らは、財政赤字が減らないのは、国民の精神や道徳のレベルが低いからだと思ってしまうことになるでしょう。

残念ながら、これは、かなり歪んだエリート意識だと言わざるを得ません。

2014年、消費税の税率10％への引き上げの是非が取り沙汰される中、ある財務省幹部が、国会議員に対して消費増税を訴える際に、次のように発言したと報じられたことがありました。「社会保障費が膨れ上がる中、消費税率がこんなに低いのは、国民を甘やかすことになる。経済が厳しくても10％に上げるべきだ[注53]」

「国民を甘やかすな」とは、ずいぶんと尊大な物言いです。この財務省幹部の発言には、肥大化したエリート意識が見え隠れします。

しかし、齋藤氏や武藤氏（そして井手氏も）が言っていることは、高尚な言葉遣いではありますが、要するに、「国民を甘やかすな」ということでしょう。

もはや、財務省の目的は、財政健全化それ自体より、財政健全化を通じて、国民を厳しく躾けることになってしまったかのようです。

しかし、「日本国民の矜持を信じている」だの「政治家の力量が問われる」だの「国民を甘やかすな」だのと偉そうなことを言う前に、せめて、税とは何か、貨幣

注53　https://www.sankei.com/politics/news/141117/plt1411170054-n1.html

とは何か、財政赤字とは何かについて、正しく理解してもらいたいものです。

特別付録②

MMTは、インフレを制御不能にする？

本章では、民主政治が財政赤字の拡大を招き、インフレを起こすという議論について説明しました。

MMTに対する典型的な批判もまた、インフレが止まらなくなるというものです。

例えば、こんな感じですね。

「（財政赤字を拡大させれば）必ずインフレが起きる。（MMTの提唱者は）インフレになれば増税や政府支出を減らしてコントロールできると言っているが、現実問題としてできるかというと非常に怪しい。[注54]」

注54 https://www.nikkei.com/article/DGXMZO45118610S9A520C1000000/

こうした批判のどこがおかしいのか、順を追って説明しましょう。

第一に、日本は20年にも及ぶ長期のデフレです。

このような長期のデフレは、少なくとも戦後、他国に類を見ないものです。今の日本は、インフレを懸念するような状況にはないのです。

長期デフレの日本で「財政赤字の拡大は、インフレを起こす」などと心配するのは、長期の栄養失調の患者が「栄養の摂取は、肥満を招く」と心配するようなものなのです。

本書第1章あるいは『目からウロコが落ちる　奇跡の経済教室【基礎知識編】』で述べた通り、インフレの過剰を警戒しつつも、デフレだけは絶対に回避しようとするのが、正常な経済運営です。インフレが心配だからデフレのままでいいなどという判断は、あり得ません。

第二に、平時の先進国で、インフレがコントロールできなくなるなどという事態は、考えにくいのです。

ＭＭＴ批判者は、「増税や歳出削減は、政治的に容易ではないから、インフレを抑えられない」と思っているようですが、インフレを止めるのに、別に政治的に難しい増税や歳出削減に頼る必要はありません。

具体的に、説明しましょう。

まず、政府は、例えば、２％という控えめのインフレ目標を設定する。

そして財政赤字を拡大する。

さて、もし、インフレ率が２％になったら、政府はどうすべきでしょうか。

増税も歳出削減も、必要ありません。単に、２％程度のインフレ率を維持するために、予算規模を前年と同程度にすればよいだけです。そして、その後も、予算規模を安定的に推移させればよい。

これであれば、増税や歳出削減と違って、政治的にはるかに容易でしょう。

しかも、このインフレ率２％という目標値は、あくまで目安に過ぎません。実際のインフレ率は、目標値をやや超過して４％程度になるかもしれませんが、そうであっても何の問題もありません。

また、所得税（特に累進課税）は、好景気になると税負担が増えて、民間の消費や投資を抑制するという性格をもちます。

このため、インフレになると、増税や歳出削減をしなくとも、自動的に財政赤字が削減され、インフレの過剰を抑止するのです。

他にも、中央銀行による金利の引き上げによって、民間消費や民間投資にブレーキをかけて、インフレを退治するという手段もあります。

ちなみに、MMTの論者たちは、物価調整の手段として、課税以外にも、「就業保証プログラム（Job Guarantee Program）」と呼ばれる政策を提案しています。

これは、簡単に言えば、「公的部門が社会的に許容可能な最低賃金で、希望する労働者を雇用し、働く場を与える」という政策です。

「就業保証プログラム」は、不況時においては、失業者に雇用機会を与え、賃金の下落を阻止し、完全雇用を達成することができます。

逆に、好況時においては、民間企業は、この「就業保証プログラム」から労働者を採用することで、インフレ圧力を緩和するのです。

こうして「就業保証プログラム」は、雇用のバッファーとして機能することになります。政府は、同プログラムに対する財政支出を好況時には減らし、不況時には増やすことで、景気変動を安定化させるのです。これは、先ほど説明した所得税と同じ効果がありますね。

仮に増税や歳出削減が必要なほど高インフレになったとしても、日本政府が増税や歳出削減に踏み切れないなどという証拠はないでしょう。

実際、日本政府には、過去20年間、高インフレどころかデフレを心配すべき状況だったにもかかわらず、消費税率を二度も引き上げ、公共投資を大幅に削減したという実績があるのですよ。

これは、愚かで不名誉な実績としか言いようがありませんが、しかし、日本政府が増税や歳出削減によってインフレを抑止できることを見事に証明しています。デフレ時でもできるのに、どうして、高インフレで国民が困っている時にはできないなどと思うのでしょうか。

だいたい、歴史上、インフレがコントロール不能（ハイパーインフレ）になるという事例は、数えるほどしかありません。

しかも、そのわずかな事例もまた、戦争で供給力が破壊された場合、戦時中で軍事需要が過剰になった場合、独裁政権が外資系企業に対する強制収用を行ったために供給不足となった場合、経済制裁により国内が物資不足となった場合など、極めて異常なケースばかりです。

戦後の先進国で、財政赤字の拡大を容認したためにハイパーインフレに陥ったなどという事例は、あるのでしょうか。

もし、日本が、財政赤字を拡大し過ぎてハイパーインフレを起こすような愚かな国だというなら、日本はもはや先進国ではありません。

第三に、第2章や第3章で説明した通り、過去30年間、日本経済に限らず、先進国経済は、「ムチ型」成長戦略を推し進めたために、インフレが起きにくい経済構造へと変化してしまいました。

現在の資本主義は、インフレで悩んでいた1970年代以前とは、まるで構造が違うのです。

1980年代以降、日本を含む先進諸国では、労働組合の交渉力が弱体化する一方、規制緩和や自由化による競争の激化、さらにはグローバル化による安価な製品や低賃金労働者の流入により、賃金が上昇しにくくなり、インフレも抑制されるようになりました。最近では、ITやAI・ロボットなどの発達・普及が、この変化に拍車をかけています。

また、金融市場の規制緩和や投資家の発言力を強めるコーポレート・ガバナンス改革により、金融部門が肥大化し、投資家の力が強くなり、労働分配率は低下していきました。つまり、政策的にマネーを増やしても、実体経済、とりわけ労働者には回らず、金融部門に流れて行ってしまう経済構造になったのです。

その結果、1980年代後半の日本、2000年代前半のアメリカなどでは、好景気にもかかわらず、インフレ率は穏当な水準で推移するという現象が起きました。好景気を牽引していたのは、肥大化した金融市場が生み出した資産バブルであり、賃金上昇や実体経済の需要拡大ではなかったのです。

このため、現在の日本の経済構造では、財政赤字を拡大しただけではインフレは起きない可能性があります。

ＭＭＴ批判者は「財政支出を拡大したら、インフレが止まらなくなる」などと懸念していますが、これは、過去20年間の経済構造の変化をまったく考慮していない時代遅れの認識に過ぎません。

今日、我々が本当に懸念すべきなのは、「財政支出を拡大したにもかかわらず、インフレにならないこと」なのです。

したがって、財政赤字の拡大だけでは、十分ではありません。

財政赤字を拡大すると同時に、本書でこれまで力説してきたように、「ムチ型」成長戦略をやめて、「アメ型」成長戦略へと転換しなければならないのです。そして、賃金上昇や実体経済の需要拡大によって経済が成長するような経済構造へと改革しなければならないのです。

第9章
なぜエリートたちは考え方を変えられないのか

認識共同体

前章の議論でも明らかになったように、財務省の財政健全化への執着は、尋常ではありません。

この20年間、デフレ下での財政健全化の試みがどれだけ失敗しようが、長期金利がマイナスを記録することもあるほど低かろうが、おかまいなしです。

財務官僚としても、国民を苦しめたいわけではないのでしょう。もちろん私腹を肥やしているわけでもない。むしろ彼らは、生真面目に「日本のため」と信じて、財政健全化に邁進していると私は思います。

それにしても、財務官僚は、どうしてここまで財政健全化に固執するのでしょうか。

いや、財務官僚だけではありません。

経済産業官僚や経済学者、あるいはマスメディアなど、レント・シーキング活動に関与しているようには見えない人々まで、財政健全化や「ムチ型」成長戦略などに象徴される「新自由主義」のイデオロギーを疑おうとはしません。

読者の方々は、不思議に思われているのではないかと思います。

社会科学には、この謎を解くカギになりそうな考え方が一つあります。

それは、「認識共同体」という概念です。[注55]

「認識共同体」などという専門用語を使うと、何やら難しそうですが、実のところは、簡単な話です。

私たちは、同じ仲間とずっと行動を共にしていると、その仲間内での考え方や価値観に染まりがちです。「朱に交われば赤くなる」わけです。

例えば、高級住宅街で育って金持ちとしか付き合ったことのない大企業の社長の御曹司と、スラム街でサッカーばかりやってきた若者とでは、世の中に対する見方や価値観は、全然違うものになっているでしょう。おそらく、何の苦労もせずに育った金持ちの御曹司には、貧困地区出身のサッカー選手の気持ちは、本当のところは分からないでしょう。

もっと一般的に言えば、日本、中国、アメリカ、韓国、北朝鮮、インドあるいはサウジアラビアなどといった、文化や宗教の異なる国で生活していれば、世界観や価値観も、当たり前ですが、異なってきます。国や文化が違うせいで、しばしば摩擦が生じるのは、国や文化によって信じている世界観や価値観が違うからですね。

それと似たようなことが、勤務先の組織でもあり得ます。サラリーマンは、勤め先の同僚と同じような価値観をもつ傾向にあります。そして、その価値観は、おそらく大学の教授たちや自営農家の価値観とは違ったものでしょう。

注55　Peter M.Haas(ed.), Knowledge, Power, and International Policy Coordination, University of South Carolina Press, 1997.

どうやら、私たちがもっている世界観や価値観というものは、私たち個人のオリジナルのものとは限らないらしい。むしろ、そのかなりの部分が、所属する組織や住んでいる地域などによって形作られるようなのです。

この世界観や価値観を形成する人間関係や組織が「認識共同体」である。そう考えてよいと思います。

財務省の認識共同体

そうだとすると、財務官僚の健全財政という価値観もまた、財務省という「認識共同体」によって育まれたものだと言えるかもしれません。

そもそも、1947年に公布された財政法は、財政の基本法と言うべき法律ですが、その第四条第一項には、こう規定されています。

国の歳出は、公債又は借入金以外の歳入を以て、その財源としなければならない。但し、公共事業費、出資金及び貸付金の財源については、国会の議決を経た金額の範囲内で、公債を発行し又は借入金をなすことができる。

このように、財政法第四条は、「但し書き」はあるものの、国の歳出は国債に頼ってはいけないという均衡財政が原則であることを規定しているのです。

この規定は、作家の佐藤健志氏が明らかにしたように、赤字財政は戦争につながるという論理から、憲法第九条の戦争放棄を裏書き保証するために、盛り込まれたものでした。しかも、そのことは当時、財政法の起案者となった当時の大蔵省法規課長自身が認めているのです。[注56]

驚くべきことに、均衡財政は、憲法九条の平和主義の財政版だったのです。

憲法九条はいまだに改正されていませんが、均衡財政論もまた、憲法九条の平和主義のように、疑うことも許されないイデオロギーだったようです。

注56 佐藤健志『平和主義は貧困への道 または対米従属の爽快な末路』KKベストセラーズ、2018年 pp.40-46.

もっとも、戦後日本には、しばらくの間、財政支出を控えめにしなければならない制度的な事情もありました。

それは、固定為替相場制です。

1973年に固定為替相場制から変動為替相場制へと移行し、現在に至っています。しかし、それ以前は、現在とは違って、円とドルの交換レートは固定されていました。

固定為替相場制の下では、経常収支が赤字になると、外貨が不足してしまうという問題が起きました。財政赤字を拡大し過ぎて需要が増えると、輸入超過になって外貨不足になってしまうのです。

つまり、固定為替相場制の下では、財政赤字の拡大には経常収支という制約があったのです。

しかし、変動為替相場制であれば、経常収支が赤字になれば、円安になり、輸入が減り、輸出が伸びるという調整機能が働きます。財政赤字を削減して無理やり需要を縮小させ、輸入を減らさなくてもよいのです。

1973年に、固定為替相場制から変動為替相場制に移行しました。ですから、もはや、経常収支は、財政赤字の制約にはならなくなっています。

では、財政赤字の心配はなくなったのかと言えば、そうではありませんでした。

今度は、インフレが大きな問題となったのです。

1972年、首相になった田中角栄は、「列島改造論」を掲げて、インフラ整備や地域開発を強力に推進しました。この列島改造による需要の拡大に加えて、石油危機が起きたために、「狂乱物価」と言われる激しいインフレが起きました。

こうしたことから、1970年代の大蔵省は、財政赤字の削減に腐心しました。財政赤字の削減はインフレ対策ですので、これは、基本的に正しい政策だったと言えるでしょう。

こうしてみると、財政赤字の削減が正しい政策である時代が、戦後から40年ほど続いていたことが分かります。

さて、そうなると、次のような可能性が出てきます。

大蔵省は、戦後40年にわたって、財政健全化を使命としてきた結果、財政健全化は大蔵省の組織目的あるいは伝統として、受け継がれるようになってしまったのではないかという可能性です。

グローバルな認識共同体

もっとも、それだけで、財務官僚が財政健全化マニアになってしまったわけではないでしょう。

次に考えられる要因は、アメリカの影響です。

1980年代には、アメリカやイギリスで、新自由主義が大流行しました。均衡財政論は、新自由主義の主要な教義の一つです。

この新自由主義が日本に流入して、大蔵（財務）官僚に大きな影響を及ぼした可能性は高いと思います。

ところで、アメリカのイデオロギーの流行は、どのようにして日本に入ってくるのでしょうか。

それは、「認識共同体」を通じて入ってくるのです。

官僚は、職業柄、他国のエリートたちと常に交流し、意見交換や情報共有をしています。情報収集や外交のために、海外に長く赴任する者もたくさんいます。国際通貨基金（ＩＭＦ）や世界銀行、あるいは経済協力開発機構（ＯＥＣＤ）といった国際機関に出向する官僚もいます。

特に、日米間のエリートの交流は親密です。仕事を通じて、個人的な友人関係を築く人も少なくありません。

こうしているうちに、各国の政策担当のエリートたちは、国境を越えて、彼らエリートたちに独特の世界観や価値観を共有していくようになります。グローバルなエリートたちの「認識共同体」です。

こうしたエリートたちの認識共同体を通じて、新自由主義というイデオロギーが世界に広まっていった可能性があります。

特に、新自由主義や財政健全化論というイデオロギーは、エリートたちの世界観や価値観になじみやすいところがある。

ハンチントンやブキャナンたちは、財政赤字を甘やかされた大衆の要求と結びつけ、「財政健全化のためには民主政治に節度が必要だ」という「上から目線」の議論を展開しました。この「上から目線」は、いかにもエリート層が好みそうではありませんか。

まとめると、財務官僚が健全財政論を固く信じるようになったのには、次のような歴史的背景があったと考えられます。

そもそも、財政政策の憲法たる財政法には、第四条で均衡財政の原則が規定されています。これは、その出自も性格も、憲法九条のようなものでした。

そして、大蔵省は、１９７０年代まで、およそ40年間、財政赤字の削減を使命としてきました。

１９８０年代になると新自由主義が流行し、アメリカやイギリスのエリートたちも、財政健全化が正しいと信じるようになりました。この認識共同体の中で、日本の大蔵官僚たちは、従来の均衡財政への信念をますます固く信じるようになった。財務省という組織が、財政健全化マニアになってしまった背景は、こういう歴史的な経緯もあったのではないでしょうか。

ちなみに、前章で紹介した齋藤次郎氏が大蔵事務次官を務めたのは、１９９３年から95年です。とすると、齋藤氏は次官になるまで、ほぼずっと財政赤字の削減を使命として、大蔵官僚人生を歩んできたことになります。

しかも、齋藤氏が次官になる直前の1990年には、悲願の財政黒字が（バブルのおかげで）実現しています。

どんな人間も、これまでの人生における経験をもとにして、自分の人格や価値観を形成していくものです。

そう考えると、齋藤氏が「財政赤字は心配ない！」と言ってくれると期待するほうが無理だったのかもしれません。

回転ドアと認識共同体

グローバルな「認識共同体」に染まるのは、もちろん官僚だけではありません。政治家や企業幹部、学者やジャーナリストも、グローバルに活動し、人脈を形成しています。また、政官財学の間でも、親密な交流があります。

カリフォルニア大学バークレー校の教授で、労働長官を務めた経験もあるロバート・ライシュ氏も、次のように述べています。

ウォール街の大手金融機関がワシントンの政治に影響を及ぼすルートは、献金だけではない。大金融機関や大企業の幹部たちは、大物政治家を食事やゴルフに誘って、親密な関係を築くのである。そして、彼らの友人や同僚、ビジネス・パートナー、同じクラブの会員たちを政治家に紹介する。こうして、政治家の周りに、富裕層のネットワークができる。

この特権的な富裕層のネットワークの中にいるのは、非常に居心地がいいものです。政治家は、この富裕層のネットワークの中で、富裕層の意見や関心、具体的な課題などを直接聞いているうちに、富裕層の世界観や価値観を共有するようになっていきます。

これに対して、富裕層のネットワーク以外の人々からの意見は、あまり愉快なものではないことが多い。しかも、彼らの意見は、政治家の耳には、間接的あるいは抽象的にしか入りません。「このようにして、富裕層のネットワークへのアクセスは、政治家の票を買うのでは必ずしもなく、むしろ政治家の心を買うのだ」とライシュ氏は言っています。[注57]

もちろん、このような光景は、アメリカに限らず、どの国でもあります。日本でも、例えば、大物の政治家や官僚の幹部たちが、グローバルな大企業の社長や著名コンサルタントと親しくなり、意見交換をすることは普通にあることでしょう。

そこでは、おそらく、「日本は法人税が高すぎる。このままでは、我が社も海外に出ていかざるを得ませんなあ」とか、「日本人は、横並び意識が強いから駄目ですな。規制緩和して、もっと競争させなければいけませんなあ」とかいったような会話が、しょっちゅう交わされているのでしょう。

こうした会話が、政治家や官僚といった政策担当者の世界観や価値観を形作り、それに基づいた経済政策が実行されることとなるというわけです。

エリートたちの「認識共同体」については、次のようなことも考えられます。

注57　Robert B. Reich, After-Shock: The Next Economy and America's Future, Alfred A. Knopf, 2010, pp.109-111.

第5章で紹介しましたが、サイモン・ジョンソン氏らは、アメリカの政治がウォール街の金融機関に有利な政策を行うようになった理由について、金融機関からの巨額の政治献金に加えて、次の二つを挙げていました。

一つは、ウォール街とワシントンの間の頻繁な人事交流、いわゆる「回転ドア」の存在です。

そして、もう一つは、「ウォール街の金融産業の利益は、アメリカにとってもよいことだ」という思想や価値観の影響力が支配的となったことです。

おそらく、この二つには、深い関係があると思われます。

つまり、ウォール街の金融機関とワシントンの政治との間で人事が行ったり来たりする「回転ドア」によって、金融機関と政治家は、「ウォール街の金融産業の利益は、アメリカにとってもよいことだ」という価値観を共有する「認識共同体」を形成したということです。

このようにして、グローバルな政官財学のエリートたちによる「認識共同体」が形成され、同じ世界観・価値観が共有されていきます。その世界観・価値観が、

1980年代以降は、新自由主義であったということです。

1980年代以降、アメリカで流行した「ムチ型」成長戦略を、日本が次々と模倣していったのも、この「認識共同体」の理論によって理解することができるでしょう。

留学と認識共同体

エリートたちがグローバルな「認識共同体」の一員となるルートは、外交や海外赴任、あるいは「回転ドア」だけではありません。

留学もまた、きわめて重要な「認識共同体」の入り口です。

例えば、アメリカの大学院に留学し、そこで新自由主義的な思想や価値観を学び、かつ世界中のトップエリートである学友たちと共有する。

逆に言えば、新自由主義的な思想や価値観を共有するからこそ、アメリカやその他のトップエリートたちの仲間に入れてもらえる。

そんな経験をすれば、たいていの者は、新自由主義を疑わなくなるでしょう。

日本研究の大家である社会学者のロナルド・ドーア氏は、次のように述べています。

一九六〇年から、富裕層の息子で、日本のいい大学に入学する見込みがなくて、親のお金で留学する人も多くなったが、それ以外に、官庁、大企業が社費で、毎年、新社員の一番優秀な人を幾人か、ときどきはヨーロッパだが主として米国へ、MBAや経済学・政治学の修士・博士号をとりに送られた人が大勢いた。

その「洗脳世代」の人たちが、いよいよ八〇年代に課長・局長レベルになり、日本社会のアメリカ化に大いに貢献できるようになったというわけだ。そして、日米同盟の深化にも。[注58]

ドーアの言う「洗脳世代」とは、グローバルな「認識共同体」のメンバーになって、新自由主義に染まった官僚たちのことでしょう。

ただし、「洗脳」という言葉は、必ずしも適切ではありません。

というのも、官僚たちは強制的に「洗脳」されたのではなく、自ら望んで「認識共同体」に入っているからです。

つまり、アメリカをはじめとする各国のエリートたちとお友達になりたいから、新自由主義の認識を共有しているのです。


この「認識共同体」の存在を如実に示す週刊誌の記事があったので、紹介しておきましょう。

TPP交渉への参加の是非が議論になっている頃、ある経済産業省の幹部が、TPP反対派の国会議員のところに説得に来た。丁々発止の論争のすえに、次第に感情的になったその官僚は、こう漏らしたというのです。

「ハーバード大学に留学していた頃の同級生が上院議員の補佐官でTPPをやっているんです。USTR（米国通商代表部）次席代表代行のカトラーも友人。私は彼女らと一緒に仕事がしたいんです。[注59]」

注58　ロナルド・ドーア『幻滅：外国人社会学者が見た戦後日本70年』藤原書店、2014年、pp.169-170

さすがに、ここまで露骨な例も珍しいとは思います。とは言え、グローバルな「認識共同体」が官僚の考え方を形成し、日本の政策に影響を与えていることを象徴的に示すエピソードだと言えるのではないでしょうか。

ちなみに、この「アメリカのお友達と仕事がしたいから、TPPを推進する」という経済産業省の幹部は、2002年に、「The Globalist」誌に「貿易協定によって日本を改革する」という趣旨の英語論文を寄稿しています。そして、韓国とも自由貿易協定を結ぶべきだと述べる中で、こんなことを書いています。

「韓国が1997年の金融危機の後に行った抜本的な経済改革の経験も、日本に多くの教訓を与えてくれる。[注60]」

この経済産業官僚は、韓国の構造改革を日本も見習うべきだと言っているのです。では、その韓国の構造改革とは、どのようなものだったのでしょうか。

1997年、債務危機に陥った韓国は、IMF（国際通貨基金）に資金援助を求めました。するとIMFは、資金援助の条件として、韓国に抜本的な経済改革を迫ったのです。

ＩＭＦは、金融市場や労働市場の自由化やグローバル化など、新自由主義的な構造改革を要求しました。典型的な「ムチ型」成長戦略です。

しかし、その構造改革の結果は、次のような無残なものでした。

株式市場における外国人の比率は、約15％（１９９７年末）から40％超（２００４年初）へと急増しました。また、市中銀行の外国人持ち分も、約12％（１９９８年）から、65％以上（２００４年末）となりました。

このように、外国資本による韓国への投資は、確かに大幅に増えました。しかし、その大半は資産買入や企業買収であったので、経済成長にはそれほど寄与しませんでした。むしろ、金融資本の流出入が大幅に拡大したために、韓国経済は国際市場の短期的な変動の影響を大きく受けるようになり、不安定化しました。

輸出もまた、確かに増えました。しかし、内需は停滞し、格差の拡大や貧困層の増大が深刻化しました。所得が最低生計費よりも低い「絶対的貧困層」は、３・１

注59　『週刊金曜日』（２０１６年２月12日）、p.15
注60　https://www.theglobalist.com/how-trade-agreements-can-reform-japan/
https://www.brookings.edu/articles/how-trade-agreements-can-reform-japan/

％（１９９６年）から10％以上（２００３年）となりました。
企業の所得は、確かに増加しましたが、労働分配率は下落しました。
１９９０年から１９９７年の間、個人部門の実質可処分所得の増加率は、およそ６％だったのに対し、企業部門は、およそ４・８％でした。これに対して、２０００年から２００４年の間では、個人部門はわずか０・８％程度の増加率だったのに対し、企業部門は60％近くにまで急増したのです。[注61]

このように、韓国の「ムチ型」構造改革は、無残な結果を招きました。ところが、くだんの経済産業省の幹部は、この韓国の構造改革を日本も見習うべきだと主張したのです。

そして、実際に「ムチ型」の構造改革に邁進した日本は、内需の停滞や格差の拡大、貧困層の増大といった、韓国の構造改革と同じような結果を招いてしまいました。

日本のエリートたちは、なぜ、ＩＭＦによる韓国の新自由主義的構造改革の結果を見て、「新自由主義は、まずい結果を招く」と考えなかったのでしょうか。それは、彼らが、新自由主義の「認識共同体」のメンバーだからにほかなりません。

排除の論理

『目からウロコが落ちる　奇跡の経済教室【基礎知識編】』第十三章において、ポール・ローマーというノーベル経済学賞を受賞した経済学者が、主流派経済学を激烈に批判したことを採り上げました。

ローマー氏は、主流派経済学者には、次のような特徴があると指摘していました。

①途方もない自信
②異常なほど一枚岩となった共同体
③宗教団体か政党のような、同じグループの仲間との一体感

注61　李康國「韓国の成長、分配そしてグローバル化：平等主義的成長から低成長と格差拡大へ」、徐勝・李康國編『韓米ＦＴＡと韓国経済の危機：新自由主義経済下の日本への教訓』晃洋書房、２００９年

④他分野の専門家から隔絶された強烈な内輪意識
⑤他のグループの専門家の思想、意見、業績についての無視と無関心
⑥証拠を楽観的に解釈し、結果に対する大仰あるいは不完全な言明を信じ、理論が間違っているかもしれないという可能性を無視する傾向
⑦研究プログラムに伴うはずのリスクの程度に対する評価の欠如

これは、まさに主流派経済学界が、きわめて強固な「認識共同体」と化していることを示しています。

ジョン・アール、カハル・モラン、ザック・ワード=パーキンスという三人の若い経済学者によれば、経済学界では、主流派経済学の研究は高く評価され、非主流派の研究は低く評価される仕組みがあり、非主流派の経済学者は学界において不利な立場に置かれるのだそうです。[注62]

主流派経済学の「認識共同体」は、非主流派を排除する「クレンジング」を通じて、より純度の高いものになっていくのです。

同じような「クレンジング」の仕組みは、政官財の「認識共同体」にもあると思

われます。

新自由主義の「認識共同体」では、例えば、財政健全化や規制緩和あるいは自由貿易を信じて疑わない者だけが高く評価され、出世することができる。

そして、出世した者は、自分を今の地位に押し上げてくれた価値観をますます強く信じるようになるでしょう。

新自由主義に異を唱える政治家や官僚は「クレンジング」によって消えていくので(要するに「左遷」ですな)、自分の周りには、新自由主義を信じて疑わない者しかいなくなっています。

しかも、自分の所属する組織や国の中だけではなく、海外のエリートたちと話しても、同じ新自由主義の価値観をもっていることが確かめられるのです。

そう考えると、日本の政官財学のエリートたちが新自由主義的な「ムチ型」成長

注62 Joe Earle, Cahal Moran and Zach Ward-Perkins, The Econocracy: The Perils of Leaving Economics to the Experts, Manchester University Press, 2016.

戦略を決してあきらめようとはしないのも、不思議なことではないことが分かります。

むしろ、こんな「認識共同体」の中に居ながら、新自由主義に反する価値観をもっている者がいるほうがおかしいくらいでしょう。

本章の最後に、誤解を避けるために、念のため付け加えます。

私は、「認識共同体」そのものがあってはならないと考えているわけではありません。

冒頭に説明したように、人間は誰しも、何らかの「認識共同体」に属して、世界観や価値観を形成しているものです。いかなる「認識共同体」からも完全に逃れることなど、誰にもできないのです。

それどころか、経済政策は、エリートたちが「認識共同体」の中で世界観や価値観を共有しているからこそというもの、お互いに力を合わせて、円滑かつ効率的に遂行できるのです。

さらに、各国のエリートたちは、グローバルな「認識共同体」に参入することで、海外のエリートたちとも世界観や価値観を共有できます。これが経済政策の国際協調や国際協力を可能にしているのです。

ですから、エリートたちがグローバルな「認識共同体」に入るべく、せっせと人脈作りに励んでいることそれ自体は、悪いことではありません。それどころか、必要なことです。

問題なのは、今日のグローバルな「認識共同体」が共有する価値観が、新自由主義であるということです。

そして、日本のエリートたちの多くが、新自由主義の「認識共同体」に属さない人々の声に耳を貸そうとはしなくなっているということなのです。

特別付録③

MMTが受け入れられない心理学的な理由

MMTは、「自国通貨を発行する政府はデフォルトに陥ることはあり得ないから、高インフレにならない限り、財政赤字を拡大しても問題ない」という単純明快な理論です。

日本は自国通貨（円）を発行し、国債をすべて円建てで発行していますから、デフォルトすることはあり得ません。

しかも、高インフレどころか、その反対のデフレです。

したがって、MMTによれば、日本は、何の心配もなく、財政赤字を拡大できるというわけです。

日本は、長い間、財政赤字に悩んできました。

それが、財政赤字を心配しなくていいという理論が登場したのですから、「よし、これからは、貧困対策とか、少子高齢化対策とか、いろんなことのために予算が使えるぞ」と喜ぶ人がたくさん出そうなものです。

ところが、実際には、みんなで一斉にＭＭＴをバッシングしています。

これでは、悪性腫瘍を心配していた患者が、「悪性ではないから、安心してください」と診断してくれた医者を非難するようなものです。

ＭＭＴは、確かに、異端の学説ですよ。財政健全化をよしとする主流派経済学の見解とは、１８０度も違います。

でも、主流派経済学に基づく経済政策では、ちっともうまくいかず、20年も経済が停滞しているのだから、ＭＭＴについて、もっとまじめに考えてもよさそうなものではありませんか。

それなのに、聞く耳すらもたずに一蹴する人ばかり。

なんで、そこまでしてＭＭＴを嫌うのでしょうか。

心理学によれば、その理由は、二つ考えられます。
一つ目の理由は、言葉の表現の問題です。
心理学には、メタファー（比喩）が人々の思考に及ぼす影響についての研究があります。[注63]
その研究では、次のような実験が行われました。

実験の参加者を二つのグループに分ける。

片方のグループは、「犯罪は、市民を襲う野獣のようなものである」という説明を読む。

もう片方のグループは、「犯罪は、市民を病気にするウイルスのようなものである」という説明を読む。

その上で、市の犯罪を減らすにはどうしたらよいかと質問する。

すると、「犯罪は野獣」という比喩の説明を読んだグループは、「警官を雇い、刑務所を用意して、犯罪と戦うべきだ」と答える傾向にあった。

これに対して、「犯罪はウイルス」という比喩の説明を読んだグループは、「犯罪の根本原因を調査した上で、社会を改革すべきだ」と答える傾向にあった。

このように、犯罪を「野獣」というメタファーで表現するか、「ウイルス」というメタファーで表現するかによって、犯罪の捉え方やその対策についての思考パターンに大きな違いが生じたのです。

この実験から明らかなように、人間の思考は、論理だけではなく、言葉の表現によっても大きく左右されるのです。

しかし、この研究とMMTとは、いったい何の関係があるというのでしょうか。

実は、大いに関係があるのです。

MMTは、「財政赤字を拡大してよい」「政府債務は増やしても心配ない」ということを論理的に説明しています。

しかし、問題は「赤字」とか「債務」とかいった言葉の表現です。

一般に、人々は、「赤字」という表現から「減らしたほうがいいもの」、「債務」という表現から「返済しなければならないもの」という考えを連想します。

注63 https://journals.plos.org/plosone/article?id=10.1371/journal.pone.0016782

確かに、家計や企業にとっては、赤字は減らすべきだし、債務は返済しなければなりません。

しかし、政府は通貨を発行できるという点で、家計や企業とはまったく異質の存在です。家計や企業と違って、政府は通貨を発行して、その赤字を埋め合わせ、債務を返済することができるのです。

もっと言えば、通貨を発行できる政府が、その通貨を借りなければならないなんて、おかしいではないですか。

ですから、政府のいわゆる「赤字」や「債務」を、家計や企業の「赤字」や「債務」のように考えてはいけないのです。

しかし、「赤字」や「債務」という言葉のもつ影響力は、非常に強い。ＭＭＴの明快な論理を弾き飛ばすほど強いのです。

多くの人々は、「財政〝赤字〟を拡大してよい」「政府〝債務〟が増えても問題ない」という言葉にどうしても抵抗感を覚えてしまうのです。真面目な人ほど、そうです。

ちなみに、財務省も、メタファーのもつ影響力をうまく利用しています。

例えば、財務省は、2019年4月17日の財政制度等審議会の資料の1ページ目で、財政赤字のことを「将来世代へのツケ」と表現しています。[注64]

ところが、その一方で、同じ財務省が作成した個人向け国債の広告動画は、こう語りかけています。

「それは、未来への贈り物。個人向け国債[注65]」

つまり、財務省は、国債発行を減らしたい時には「将来世代へのツケ」、国債を買ってほしい時には「未来への贈り物」というように、メタファーを使い分けているのです。

ちなみに、どっちのメタファーがより正しいのかと言えば、それは圧倒的に「未来への贈り物」の方です。

というのも、誰かの債務は、別の誰かの債権です。

ということは、政府の債務は、民間の債権です。つまり、国債は、国民の「資産」なの

注64 https://www.mof.go.jp/about_mof/councils/fiscal_system_council/sub-of_fiscal_system/proceedings/material/zaiseia310417/01.pdf
注65 https://www.youtube.com/watch?v=TsYTFhQAqaA

です。

そして、政府は、国債の償還のために徴税する必要はありません。政府は、借り換え(国債の償還のために、新たに国債を発行すること)を繰り返せばよいのです。

ですから、政府債務は「将来世代へのツケ」にならないのです。

しかも、国債を発行して財政支出を拡大し、インフラや教育、技術開発のために使えば、将来世代に「ツケ」どころか「資産」を残すことができるのです。

論理的に考えれば、「未来への贈り物」のほうがより正確なメタファーです。

しかし、やはり「将来世代へのツケ」のメタファーの影響力のほうが強力なようです。

MMTが受け入れられない心理学的な理由の二つ目は、「センメルヴェイス反射」と呼ばれる現象です。

「センメルヴェイス反射」とは、「通説にそぐわない見解を拒否する傾向」のことを言います。

「センメルヴェイス」とは、イグナーツ・センメルヴェイスという医師の名に由来します。

1847年、ウィーン総合病院に勤務していた医師イグナーツ・センメルヴェイスは、出産した母親が産褥熱《さんじょくねつ》という病気にかかって死亡する現象を観察して、分娩を担当する医師の汚れた手が原因ではないかと考えました。そこで、分娩を担当する医師の手を消毒することにしたところ、産褥熱による死亡が劇的に減少しました。

センメルヴェイスは、この大発見を上司の医師に報告しましたが、医師たちは誰も、この大発見を受け入れようとはしませんでした。

この発見が事実だとすると、医師たちは「長年、医師が素手で大勢の母子を殺してきた」ということになってしまいます。主流派の医師たちにとって、そんな事実は、とうてい受け入れられるものではありませんでした。

こうして、主流派の医師たちは、センメルヴェイスの発見を一蹴し、無視し続けたのです。結局、1850年、センメルヴェイスはウィーン総合病院を解任されました。

その後もセンメルヴェイスは、自らの主張を唱え続けましたが、1865年、彼はついに精神科病院に送られてしまいました。センメルヴェイスは、精神病院から逃亡しようとしましたが、守衛たちに取り押さえられ、暴行を受けました。そして、そのときのケガがもとで、死亡したのです。

この気の毒なセンメルヴェイスの名をとって、少数意見を拒否することを「センメルヴェイス反射」と呼ぶようになったのです。

最近の神経科学によれば、この「センメルヴェイス反射」は、脳の働きによるものであるようです。

ある研究によれば、人間の脳には、多数派の見解に逆らおうとすると、それを修正して、多数派の意見に同調しようとする機能があることが分かっています。

また、別の研究では、脳は、多数派の意見に同調するために、実際の知覚すら変えてしまうという結果が出たとのことです。[注66]

どうやら、人間の脳は、少数意見を唱えたり、それに耳を傾けたりするのには、向いていないようなのです。

特に日本人は、多数派に同調し、少数意見を排除する傾向が強いと言われますね。

官僚や経済学者といったエリートたちが、新自由主義の「認識共同体」から抜け出そうとしないのも、これで分かります。考え方を変えるのを、脳のレベルで拒否しているのですね。

しかも、自分たちが正しいと信じてきた財政健全化やグローバル化、あるいは「ムチ型」成長戦略のせいで、多くの国民が不幸になり、路頭に迷ったり、亡くなられたりした方も少なくない。そんなこと、エリートたちは、今さら認めたくはないでしょう。センメルヴェイスを無視し、追放したウィーン総合病院の医師たちと同じです。

しかし、もしそうだとすると、これは大変に困ったことです。

なぜなら、MMTや「アメ型」成長戦略がどんなに正しくても、それが少数意見である限り、多くの人々は受け入れようとはしないということになるからです。

これでは、正しい経済政策は永遠に採用されず、日本経済はいつまでたっても停滞から抜け出すことができないということになってしまいます。

注66 クリス・クリアフィールド、アンドラーシュ・ティルシック『巨大システム失敗の本質』東洋経済新報社、2018年、第七章

さて、どうしたものでしょうか。
とりあえず、議論を先に進めましょう。

特別付録④
MMTと認識共同体

もし、MMTが正しいとすると、デフレの日本は、財政赤字を減らす必要はないということになり、消費増税の根拠が吹っ飛んでしまいます。財務省が神経質になるのも当然と言えます。

財務省は、2019年4月17日の財政制度等審議会における資料の中で、MMTを採り上げました。[注67]

その57ページから60ページまでを見ると、世界の著名な経済学者や政策当局の幹部など、総勢17人によるMMTに対する批判のコメントが、ずらりと並んでいます。

中には、ツイッターのつぶやきまであります。

よくもまあ、こんなに精力的に集めてきたものです。

こんな凄い資料を見せられたら、普通の人は「なんか、MMTって、胡散臭いな。やっぱり、将来世代へのツケを残しちゃいかんから、消費増税もやむを得ないよなあ」という印象を持つでしょう。

ところが、よく見ると、この財務省が頑張って作成したMMT批判の資料には、実に、不可解な点があります。

というのも、この資料に載っているMMT批判者の中には、財務省が全力で否定したくなるような主張をする者が、何人も含まれているのです。

例えば、クリスティーヌ・ラガルド氏（IMF専務理事）がその一人です。

ラガルドは、MMTについて「『数学モデル化されたのを見ると魅力的で、有効であるように受け止められる』とコメントし、『ある国が流動性の罠《わな》に陥ったり、デフレに見舞われたりするなどの状況下では、短期的には効果的かもしれない』との見方を示した」

注67　https://www.mof.go.jp/about_mof/councils/fiscal_system_council/sub-of_fiscal_system/proceedings/material/zaiseia310417/01.pdf

（２０１９年４月12日　ブルームバーグ）のです。

日本はデフレですから、「ＭＭＴは、今の日本には効果的かもしれない」とラガルドは考えているということになります。

他にも、ロバート・シラー氏（イェール大学　経済学者）は、２０１３年に、始まったばかりのアベノミクスへの評価を問われて、こう答えていました。

「最も劇的だったのは、明確な形で拡張的な財政政策を打ち出し、かつ、増税にも着手すると表明したことだ。日本政府は対ＧＤＰ（国内総生産）比で世界最大の債務を負っているので財政支出を批判する人が多いが、ケインズ政策によって最悪の事態が避けられてきた面もあるのではないか。一方で、安倍晋三首相は消費増税も行うと明言しており、財政均衡を目指した刺激策といえる。私は、このような債務に優しい刺激策を欧米も採用すべきだ、と主張している。

現在、米国では拡張的な財政政策を提案しても政治的に阻止され、困難な状況にある。「増税」という言葉は忌み嫌われている。世界中で財政緊縮策が広がる中で、日本の積極策がどういう結果になるか注目している。」（２０１３年10月17日　東洋経済インタビュ

ー）

シラー氏は、消費増税に賛成してはいますが、同時に、積極的な財政出動にも大いに期待してもいたのです。

もっと踏み込んだのは、ローレンス・サマーズ氏（元米財務長官）です。

サマーズ氏は、日本の経済政策について問われると、こんな反応をしています。

「安倍政権の財政政策については、柄にもなく外交的な態度を見せ「少し矛盾している」と口を濁した。さらに突っ込んで聞くと、２０１４年４月に消費税を引き上げるのは間違いだと警告したと述べ、「その後起きたことで私の考えを変えたことは何もない」と言う。」（２０１６年１月12日　フィナンシャルタイムズ（日本経済新聞））

サマーズ氏は、２０１４年の消費増税は間違いだと日本政府に警告したと言っています。日本政府は、サマーズ氏の警告を無視したわけですね。

さらに露骨なのは、ポール・クルーグマン氏（ニューヨーク州立大学　経済学者）です。

「実際、アベノミクスが実行に移されてから、株価も上昇し、景気も回復基調に入ろうとしていました。しかし、私はここへきて、安倍政権の経済政策に懐疑心を持ち始めています。というのも、安倍政権はこの4月に消費税を5％から8％に増税し、さらに来年にはこれを10％に増税することすら示唆しているからです。消費増税は、日本経済にとっていま最もやってはいけない政策です。今年4月の増税が決定するまで、私は日本経済は多くのことがうまくいっていると楽観的に見てきましたが、状況が完全に変わってしまったのです。すでに消費増税という「自己破壊的な政策」を実行に移したことで、日本経済は勢いを失い始めています。このままいけば、最悪の場合、日本がデフレ時代に逆戻りするかもしれない。そんな悪夢のシナリオが現実となる可能性が出てきました。」（2014年9月16日　週刊現代インタビュー）

クルーグマン氏は、10％への消費増税は、悪夢のシナリオだとまで言い切っています。

アデア・ターナー氏（英金融サービス機構元長官）もまた、消費増税の延期を提言しています。それどころか、財政赤字を拡大し続けろとまで言っています。

「日本政府と日銀に対する提案は3つある。第1に、政府は2019年10月に予定している（8%から10%への）消費税率引き上げを再延期し、高水準の財政赤字を計上し続けるべきだ。民間貯蓄超過を穴埋めするためには、相当規模の公的赤字が2020年代半ばまで必要なことを甘受すべきである。」

「これらの政策の組み合わせは、根強いデフレ圧力と公的債務問題に対して、日本が取り得る最も有効な打開策になると考える。日本は、追加的な政府支出の効果が将来の増税予測によって相殺されるという「リカーディアン均衡」にはまってしまっている。しかも、かなり強いリカーディアン均衡だ。この罠から抜け出すためには、（中央銀行が財政赤字を穴埋めする）「マネタリーファイナンス」を国民に向けて明示的に行う必要がある。」

（2018年1月10日　ロイター）

これを読むと、なぜターナー氏がMMTを批判しているのか、分からなくなってきます。

財務省がわざわざツイッターのつぶやきを拾ってきたオリヴィエ・ブランシャール氏（元IMFチーフエコノミスト）も、2012年の段階で、すでにこんな意見を述べていました。

「「日本は多くの問題に直面している」と述べ、「外需の弱さ、デフレ、財政再建という3

つの課題」を挙げた。財政再建については、「そのスピードが重要。財政再建による（マイナスの）乗数効果は、通常より強まっている。流動性の罠に陥っている先進国もあり、金融政策の効果が通常より期待できないため」と指摘、財政再建をあまり急ぐと世界経済にとって好ましくないとの認識を示した。こうした認識のもとで、日本についても、すでにゼロ金利状態が続き、金融政策の効果が薄いことや、低金利による利払い負担は小さいことなどから、急激な財政再建はかえって好ましくないとの考えを示した。」（2012年10月9日　ロイター）

さらに、ブランシャール氏は、2019年5月、「日本の財政政策の選択肢」というレポートを公表しました。

その中でブランシャール氏は、プライマリーバランス（基礎的財政収支）の赤字を拡大しろとか、財政支出を増やせとか、日銀の量的緩和政策は非生産的だとか、超低金利はかえって需要を縮小するぞとか、日本政府の経済政策をほぼ全否定しています。[注68]

さらに、ブランシャール氏は、この「プライマリーバランスの赤字を拡大しろ」という提言を、わざわざツイッターでも、つぶやいています。[注69]

このように、財務省がMMT批判者として引っ張り出してきた論者のうち六名は、いずれも世界的に著名な識者ですが、デフレ下での積極的な財政出動に賛同しています。中でも、サマーズ氏、クルーグマン氏、ターナー氏、ブランシャール氏は、日本を名指しして、財政赤字を拡大すべきだとか、消費増税はやめるべきだとか、はっきり言い切っているのです。

財務省は、MMTを批判しようとして、自分たちを批判する論者を引っ張り出してきてしまったようです。

また、ラガルド氏、シラー氏、サマーズ氏、クルーグマン氏、ブランシャール氏は、主流派経済学に属する識者です。

その彼らが、デフレや低インフレの状況においては、積極的な財政政策が有効であると論じるようになっています。

注68 https://piie.com/system/files/documents/pb19-7japanese.pdf
注69 https://mobile.twitter.com/ojblanchard1/status/1131567453610422272

そして、シラー氏以外の識者の議論は、「高インフレでない限り、財政支出を拡大してよい」というMMTの主張と、結論において大きな違いはありません。

「特別付録②」で論じたように、MMTに対する批判の多くは「高インフレになるまで財政赤字を拡大すると言っても、インフレの制御は容易ではない」というものでした。

しかし、その批判は、MMTだけでなく、ラガルド、シラー、サマーズ、クルーグマン、ブランシャールといった主流派経済学の権威の方々にも向けられるべきでしょう。彼らだって、「デフレや低インフレのうちは、財政赤字を拡大すべきだ」と言っているのですから。

それはさておき、主流派経済学者たちが、積極的な財政政策を主張し始めた。

これは、注目すべき大きな変化です。

なぜならば、財政政策を軽視していた主流派経済学・新自由主義の強固な「認識共同体」が、いよいよ崩れ始めたということかもしれないからです。

何より、あの異端視されてきたMMTが、数多くの批判を受けながらも、アメリカでも日本でも、これほど大きな話題となっていること自体が、エリートたちの新自由主義の「認識共同体」が動揺していることを示すものでしょう。

財務省がMMTを批判しようとして、財政健全化を批判する識者を持ち出すという失態を演じたのも、彼らも属するエリートの「認識共同体」の動揺を示す現象なのかもしれません。

そうだとすると、これは、歴史的に大きな変化が起きようとしていると言えるのかもしれません。しかも、世界的な大転換です。

この世界の大きな転換については、第12章で改めて論じましょう。

第10章 なぜ保守派は、新自由主義が好きなのか

保守派と新自由主義

改めて、新自由主義とは何かと言えば、「自由市場こそが、資源を効率的に配分し、経済厚生を増大させる最良の手段である」という経済理論の下、政府による市場への介入をできるかぎり排除し、個人の経済活動の自由は最大限許容されるべきであるというイデオロギーです。

「小さな政府」「規制緩和」「自由化」「民営化」「グローバル化」そして「健全財政(均衡財政)」といった「ムチ型」成長戦略は、いずれも、この新自由主義というイ

デオロギーから導き出された政策です。

平成の30年間は、新自由主義的な「ムチ型」成長戦略の時代でした。

特に、新自由主義が加速したのは橋本龍太郎政権、小泉純一郎政権、そして第二次安倍晋三政権であると言えます。

いずれも、保守派とされる自由民主党が中心となった政権です。

とりわけ、安倍晋三政権は、保守派（右派）から強力な支持を得ていると言われています。

しかし、もしそうだとしたら、これは、奇妙なことです。

なぜなら、保守派の本来の思想や価値観を考えると、それが新自由主義と結びつくとは考えにくいからです。


もともと、保守派というのは、歴史的に形成されてきた慣習、伝統的な共同体や持続的な人間関係、安定した社会秩序といったものを尊重する価値観をもつ人々のことを指しています。

保守派は、「人間とは、自分の祖国や故郷の共同体がもつ固有の生活様式、文化、環境に制約された存在であり、また、そういう存在であるべきである」という人間観をもっているのです。

もちろん、保守派も、個人の自由を大事にはします。ただし、自由というものは、豊かな文化的環境や安定した社会秩序があってはじめて、有意義なものとなる。これが、保守派の考える「自由」なのです。

ところが、新自由主義に基づく経済政策は、これら保守派が大事にしてきたものを、ことごとく破壊するものです。

例えば、新自由主義は、自由市場において、企業が徹底した合理化を追求することを理想とします。しかし、それは雇用を不安定にし、従業員の間の持続的な人間関係を破壊するおそれがあります。

また、新自由主義は、個人の選択の自由は、最大限、認められるべきだと考えています。しかし、そんな野放図な個人の自由は、共同体を重視する伝統的な価値観を脅かすでしょう。

新自由主義は、規制の少ない労働市場を通じた労働者の移動が、経済を効率化すると信じています。しかし、労働者の移動が流動的になってしまうと、地域共同体の絆は弱ってしまうでしょう。人間というものは、一定の場所に長く住むからこそ、同じ地域に住む人たちとの絆を深めることができるものだからです。

新自由主義は、何が何でも財政赤字を削減しようとします。しかし、デフレ下での財政赤字の削減は失業を増やし、格差を拡大させます。それは、国民を富裕層と貧困層に分断し、対立させる。その結果、社会秩序は、不安定になるでしょう。

さらに、新自由主義が理想とするグローバル化は、各国固有の文化や伝統的な生活様式を破壊するものです。とりわけ、移民の流入は国内に異文化を持ち込むことになりますから、その破壊力たるや強力です。

直観的に言っても、移民の受け入れに最も反対するのは、普通であれば、いわゆる「保守派」「右派」と呼ばれる人々のはずでしょう。

このように、新自由主義というイデオロギーは、保守派が本来尊重してきた価値観とは、まったく相いれないのです。むしろ、敵対的ですらあります。

それにもかかわらず、１９８０年代以降、新自由主義を掲げてきたのは、むしろ保守派のほうでした。

その代表的な例は、1980年代のイギリスのマーガレット・サッチャー政権とアメリカのロナルド・レーガン政権でしょう。同じ頃の日本でも、中曽根康弘政権は保守政権ですが、国鉄の民営化や行政改革など、新自由主義色の強い政策を推進しました。

このように、過去40年間、歴代の保守政権は、新自由主義的な政策を積極的に推進してきたのです。

とりわけ、保守派の熱い支持を受けている安倍政権が、入国管理法を改正し、本格的な移民の受け入れに舵を切ったことは、保守派と新自由主義の奇妙な結びつきを象徴するものと言えるでしょう。

インフレ＝民主主義の過剰

それにしても、どうして、保守派は、新自由主義などというイデオロギーを担ぐようになったのでしょうか。

その経緯は、1970年代にまでさかのぼります。

第8章において、1970年代半ばに、サミュエル・ハンチントンたちが、財政赤字とインフレは民主主義が過剰になったせいだと論じたことを紹介しました。ちなみに、ハンチントンは、アメリカにおける保守派の知識人です。

改めて、ハンチントンたちの議論がどういうものであったのか、復習しておきましょう。

1960年代のアメリカでは、ベビー・ブームで急増した若い世代が、既存の権威を否定し、政治参加や福祉を一方的に要求するようになった。その結果、政府の福祉政策は膨張し、財政赤字が拡大していった。また、労働組合の力が強かったために、賃上げが天井知らずとなっていた。こうして、インフレが起きた。

政府は、財政支出を抑制し、増税を断行すべきだった。しかし、政府支出の抑制や増税といった不人気な政策は、民主政治においては支持されないので、実行できなかった。

政府は、賃上げに歯止めをかける必要もあった。しかし、権威が失墜した政府には、労働組合の要求を抑えることができなかった。

要するに、インフレは、民主主義が過剰になったせいである。したがって、民主主義に節度をもたらさなければならない。

これが、ハンチントンたちが出した結論でした。

もっとも、1970年代のインフレが、民主主義の過剰がもたらす財政赤字のせいであるのかについては、怪しいところがあります。むしろ、当時のインフレの原因は、ヴェトナム戦争による軍事費の拡大、石油危機による原油高、変動相場制への移行によるドル安などでしょう。

しかし、ハンチントンのように、インフレを過剰な民主主義のせいにする議論は、1970年代から80年代にかけて、西側先進諸国において、非常に大きな影響力を持ちました。

日本でも、1975年に『文藝春秋』誌上で、「日本の自殺」という匿名の論文が発表され、民主政治の行き過ぎと堕落を、財政赤字とインフレに結びつけて論じていました。

この「日本の自殺」を書いたのは香山健一、公文俊平、佐藤誠三郎だと言われて

います。いずれも保守派の知識人です。彼らは、後に中曽根康弘首相のブレーンとして活躍することとなります。[注70]

当時、保守派の知識人が、インフレを過剰な民主主義のせいにする議論に肩入れした気持ちは、よく分かります。

もともと、保守主義という思想は、18世紀イギリスの政治家エドマンド・バークが、当時、お隣のフランスで勃発した革命を懸念し、『フランス革命の省察』を書いて批判したのが始まりとされています。

それ以来、保守派は、民主主義が行き過ぎると社会秩序が崩壊する、と警鐘を鳴らし続けてきました。民主主義に対する慎重な態度こそが、保守派の真骨頂なのです。

また、保守派は、1960年代の若者たちによる権威の否定や反体制運動の過激化に対しても、心配してきました。しかも、当時と言えば、冷戦時代の真っ盛りで

注70　グループ1984年『日本の自殺』文春新書、2012年

す。体制派である保守派が、マルクス主義の影響を強く受けた学生運動や労働組合の力が強まるのを恐れたのも当然と言えるでしょう。

こうして民主主義が過剰になっていくのを心配していたところ、インフレが止まらなくなるという現象が発生したわけです。インフレは、保守派の目には、いよいよもって恐れていた社会秩序の危機と映りました。

そこへ、インフレを民主主義の過剰のせいにする政治学や経済学の理論が登場したわけです。保守派がこれに飛びついたのも当然と言えるでしょう。

こうして「インフレ＝民主主義の過剰」という図式が出来上がりました。


一方で、保守派は、民主主義の過剰を是正したい。

他方で、新自由主義者は、インフレを抑制したい。

インフレと民主主義の過剰とは、同じこと。

というわけで、保守派は、新自由主義と結ばれることとなったのです。

平成の保守派

さて、第4章で述べたように、インフレは貨幣価値を下げ、労働者の交渉力を強めるものですから、富裕層、投資家そして経営者は、インフレを非常に嫌がります。保守派が新自由主義と結びつき、インフレ抑制の「ムチ型」成長戦略を始めると、経済界と富裕層は、保守派を強く支持するようになります。そうなると、保守政権は、いよいよもって、新自由主義をやめられなくなります。

1970年代のようなインフレはすっかり克服され、平成の30年間は、むしろデフレ気味でした。それにもかかわらず、保守政権が依然として「ムチ型」成長戦略を続けています。その理由は、一つには、デフレで得をする勢力やレント・シーカーたちが支持層としてバックにいるからだと言えるでしょう。

また、前章で指摘したグローバルな「認識共同体」もまた、保守派の新自由主義の信念を固めるのに大きな役割を果たしたものと推測されます。

とりわけアメリカの共和党やイギリスの保守党など、英米の保守派の勢力が新自由主義に傾斜していたことは、日本の保守派に大きな影響を及ぼしたと思われます。

しかも、冷戦が終結し、社会主義体制が崩壊したことは、日本を含む西側諸国の保守派に、新自由主義の正当性を強く印象付けたことでしょう。

さて、『目からウロコが落ちる　奇跡の経済教室【基礎知識編】』や本書第1章で述べたように、デフレの時にやるべき経済政策は、本来であれば、「大きな政府」や労働者保護といった「民主社会主義」の政策だったはずです。

それは、本来であれば、政治信条が右か左かとは関係がありません。

デフレから脱却し、国民を経済的な苦境から救うためには、需要を拡大するとともに供給を抑制することでインフレを起こす「民主社会主義」的な政策が有効なのです。

保守派は、デフレの脅威から日本国民を「保守」したいのであれば、新自由主義から民主社会主義へと転向すべきでした。

しかし、新自由主義に染まり切っていた保守派には、今さら、民主社会主義などという左翼思想に転向することなど、思いもよりませんでした。「右／左」のイデオロギーが邪魔をして、経済政策の実践的な判断ができなかったのです。

むしろ保守派は、新自由主義の信念を強め、構造改革と称して、「ムチ型」成長戦略を追求し続けました。

その結果は、御存じの通りです。

いやはや、イデオロギーの影響力の強さには、恐るべきものがありますね。

第11章 なぜリベラル派は嫌われるのか

リベラル派の変質

１９８０年代以降、保守派（右派）は、新自由主義を信じるようになり、「ムチ型」成長戦略に奔走するようになりました。

では、この間、保守派と対立するリベラル派（左派）のほうは、いったい、何をやっていたのでしょうか？

本来であれば、リベラル派は、労働者や貧困層の側に立って、デフレ圧力を発生させる新自由主義に抵抗すべきでしょう。

そして、保守派政権の「ムチ型」成長戦略に対する代案として、「アメ型」成長戦略を掲げるべきでしょう。「大きな政府」「財政赤字の拡大」「規制強化」「保護主義」を追求するのが、本来のリベラル派の経済政策のはずです。

ところが、リベラル派は、必ずしもそうはしませんでした。むしろ、リベラル派も新自由主義へと傾斜していった節すらあるのです。

どうして、そうなってしまったのでしょうか。

話は、またしても1970年代にさかのぼります。

もともと、戦後のリベラル派は、マルクス主義の強い影響の下、経済社会を「資本家階級vs労働者階級」という階級闘争の図式で考えていました。そして、連帯と平等を旨とする理想的な経済社会の構築を目指していました。特に過激なグループは、資本主義から社会主義への革命を夢想していました。

しかし、1968年以降、フランスや日本などで、左派の学生運動が過激化し、失敗に終わりました。同じ頃、ソ連や中国など社会主義国における抑圧的な体制の現実が明らかになっていきました。

その結果、リベラル派の進歩的なヴィジョンは、急速に色褪せていったのです。マルクス主義に幻滅したリベラル派の知識人たちは、経済社会を階級闘争として考えるのをやめました。それどころか、資本主義体制そのものの構造的な問題に真正面から取り組むことすら、放棄してしまうようになりました。

その代わりに、リベラル派の知識人たちは、政治を分析する際の対象を「階級」から「アイデンティティ」へと移しました。彼らは、労働者階級の問題から手を引き、女性、少数民族、ＬＧＢＴといったマイノリティを社会の抑圧から解放することに入れ込むようになったのです。[注71]

さらに冷戦が終結し、社会主義体制が崩壊した後の１９９０年代には、リベラル派の知識人たちはますます「階級」の問題からは目を背けて、「アイデンティティ」の問題に熱を上げるようになりました。そして、従来の「連帯」や「平等」のスローガンよりも、「多様性」「差異」「解放」「エンパワーメント」を強調するようになりました。

こうして、リベラル派の関心の中心は、市民社会や団体のような「集団」から、「個人」のアイデンティティへと移りました。そして、国家や社会や文化の支配から「個人」を解放することこそが、リベラル派の使命となったのです。

さて、「連帯」や「平等」よりも「個人の解放」を理想視するようになったリベラル派の思想は、結果的に、新自由主義とかなり親和性の高いものへと変質しました。

というのも、新自由主義もまた、国家や社会の制約から「個人」を解放して、自由に活動させることを理想としているからです。かつて、新自由主義者のマーガレット・サッチャーは「社会なんてものは存在しない」とまで言い放ったと言われています。

また、リベラル派は、「小さな政府」「規制緩和」といった新自由主義の主張にも反対しませんでした。リベラル派は、もともと反体制的・反国家的な気分が強いからです。

注71 William Mitchell and Thomas Fazi, Reclaiming the State: A Progressive Vision of Sovereignty for a Post-Neoliberal World, Pluto Press, 2017, pp.147-149; Mark Lilla, The Once and Future Liberal: After Identity Politics, Harper, 2017

それゆえ、リベラル派は、グローバル化についても、むしろ国家主権の限界を超えるものとして歓迎しました。「国内の労働者を保護するために、国家主権を強化すべきだ」という主張は、国家嫌いのリベラル派からは、ほとんど出てこなかったのです。

思想だけではなく、政治のレベルでも、リベラル派は、新自由主義っぽく変質していきました。

1993年、アメリカでは民主党のビル・クリントン政権が成立しました。よく知られているように、若い頃のクリントン氏はヒッピーでした。1970年代の保守派が眉をひそめた、既存の権威を否定するリベラルな若者だったのです。そのクリントン氏が大統領になって、グローバル化を徹底的に推し進めたのでした。

イギリスでも、1997年にトニー・ブレア氏が率いる労働党政権が成立しました。ブレア政権は「ニュー・レイバー（新しい労働党）」「第三の道」を標榜して、労働党の伝統的な左派路線を是正し、新自由主義を部分的に採り入れました。第5章で紹介したPFIにPPPという新たな呼称を与えて、強力に推進したのも、ブレア政権です。

日本でも、２００９年にリベラル派の期待を背負って成立した民主党政権は、公共投資の削減や事業仕分けなどによる政府支出の抑制、ＴＰＰ交渉への参加への前進、消費増税法の成立など、新自由主義的な政策を進めました。

こうしてリベラル派は、思想的にも政治的にも、新自由主義化してしまいました。こうなっては、もはや、新自由主義を掲げる保守派政権の敵ではありません。

例えば、今日のリベラル派は、「勝ち組」の巨大グローバル企業で活躍する有能な女性、マイノリティあるいはゲイのエリートたちを称えます。けれども、「勝ち組」大企業の寡占状態については問題視しようとはしないのです。

あるいは、リベラル派は、女性の社会進出や移民の流入を歓迎しますが、それによる労働者の供給過剰、賃金抑制や失業といった構造的な問題については、だんまりを決め込みます。そして、男性やマジョリティに属する労働者の悲痛な声を代弁しようとはしない。

こうなると、リベラル派の議論や態度には、偽善が宿ってきます。

彼らは、弱者保護の身振りをして「アイデンティティ」の問題を声高に論じながら、実は「勝ち組」の側に立っているのです。

これでは、リベラル派が一般庶民に嫌われるようになるのも当然でしょう。

２０１６年の米大統領選では、トランプ氏がヒラリー・クリントン氏を執拗に攻撃したのも、彼女が「勝ち組」の女性というリベラル派のシンボルであり、特に白人労働者層から嫌われていたからです。

フェミニズムの政治学者として有名なナンシー・フレイザー氏は、「アイデンティティ」を振りかざすようになったリベラル派の思想のことを、「進歩的新自由主義」と呼んで批判しています[注72]。

他方で、今日の保守派の思想は、フレイザー氏の表現にならえば「保守的新自由主義」だと言えるでしょう。

不毛な選択肢

かたや「保守的新自由主義」。

こなた「進歩的新自由主義」。

右を向いても新自由主義。

左を向いても新自由主義。

保守もリベラルも、与党も野党も、新自由主義という同じ穴のムジナ。

こうなってしまっては、政策論争は不毛なものとなって当然でしょう。

これが、平成の政治を不毛なものとした理由です。

そして同時に、平成の経済を停滞させた理由でもある。


平成の不毛な政策論争の例を、いくつか挙げておきましょう。

小泉政権の頃、消費増税を唱える「財政再建派」と、増税ではなく歳出削減を唱える「上げ潮派」の論争というものがありました。

しかし、これは、「財政再建派」と「上げ潮派」の両方とも間違っています。増税だろうが、歳出削減だろうが、デフレ下において財政赤字を削減しようとする発想自体が誤りだからです。

注72 Nancy Fraser, 'The End of Progressive Neoliberalism', Dissent, 2, January, 2017.

要するに、間違った者同士が、間違いの程度を巡って論争していたというわけです。

2009年に成立した民主党政権は、子ども手当を公約していましたが、自民党は「子ども手当の財源が明らかではない」と批判していました。民主党は、政府の総予算を組み替えて16・8兆円の財源を捻出すると主張したのですが、事業仕分けによって生み出された財源は、わずか3000億円程度にすぎませんでした。

この子ども手当を巡る論争の何が不毛かと言えば、それは、民主党がありもしない財源をでっちあげていたということではありません。財源があると言い張った民主党だけでなく、財源がないと批判した自民党も間違っていました。

なぜならば、そもそも財源の是非を論じていること自体が、間違っているからです。日本政府は財政危機ではないし、財政破綻もしない。通貨発行権を有する日本政府が、財源を心配する必要などないのです。

しかもデフレだったのだから、財政支出の拡大によるインフレの心配はゼロです。

ですから、さっさと財政赤字を拡大させて子ども手当を配れば、それで済んだ話だったのです。

2009年4月、民主党の鳩山由紀夫代表（当時）が「日本列島は、日本人だけの所有物じゃない」と発言し、保守派から猛烈な批判を浴びました。[注73]

他方、保守派が熱い支持を寄せる安倍晋三首相は、2013年9月、ニューヨーク証券取引所におけるスピーチの中で、「もはや国境や国籍にこだわる時代は過ぎ去りました」と述べました。[注74]

この二人の発言の違いが何なのか、少なくとも私には分かりません。

第二次安倍政権は、保守派にしては珍しく「女性の活躍」を掲げ、女性の就業を奨励しました。しかし、デフレ下での女性の就業促進は、賃上げを抑制する新自由

注73 https://www.j-cast.com/2009/04/23040065.html?p=all
注74 https://www.kantei.go.jp/jp/96_abe/statement/2013/0925nyspeech.html

主義的な政策です。したがって、「保守的新自由主義」の安倍政権が女性の就業を促すことは、むしろ当然なのです。

これに対して、アイデンティティを重視するリベラル派は、その思想的な立場上「女性の活躍」には反対するはずがありませんでした。同時に、それが賃上げを抑制し、労働者全般に不利に働く可能性についても見過ごしました。「進歩的新自由主義」の面目躍如と言ったところでしょうか。

この不毛さをもっとはっきり示したのは、安倍政権による入国管理法の改正、いわゆる移民政策を巡る対立です。

リベラル派の野党や知識人たちは、入国管理法の改正を批判しはしました。しかし、多くの場合、それは、外国人の人権保護の観点からの批判であって、日本国民の労働者の賃金が上がらなくなることについてではなかったのです。

むしろ、かねてより、「多文化共生」や「多様性」をスローガンに、「国境の壁をなくそう」などといった調子で移民政策に積極的だったのは、リベラル派のほうです。

このように、日本における政治対立や政策論争は、「保守的新自由主義」対「進歩的新自由主義」という、単なる新自由主義の枠内での内輪もめにすぎなくなってしまいました。保守派とリベラル派の違いは、もはや、程度の問題にすぎなくなりました。

日本には、デフレで苦しむ低所得者や労働者を助けるために、「アメ型」成長戦略を掲げてくれる有力な政党が存在しません。選びたくても、選択肢がないのです。これでは、選挙をやろうが、政権交代を実現しようが、虚しいばかりでしょう。

これが、平成の政治だったのです。

なぜ、いつまでも「ムチ型」成長戦略が続けられているのか、これでお分かりになったかと思います。

枝野幸男氏の大演説

さて、以上の保守派とリベラル派の問題に関連して、きわめて興味深い話があります。

立憲民主党の枝野幸男代表は、平成30年7月20日の衆議院本会議において、最長記録となる2時間43分の大演説を行い、安倍政権の経済政策を批判しました。

立憲民主党と言えば、リベラル派とみなされています。

実際、この演説において、枝野代表は、本来のリベラル派らしく、格差の是正や賃上げの必要性を訴えました。

ところが、その一方で、枝野代表は、安倍政権の政策が保守思想に反すると厳しく批判した上で、こう続けたのです。

私は、であるので、私こそが保守本流であるということを、自信を持って、日ごろから皆様方にお訴えをさせていただいているところであります。

これは、意外に思われるかもしれません。

しかし、前章と本章の議論からすれば、決しておかしな話ではありません。

保守派の思想は、もともとは、新自由主義とは相いれないものでした。

リベラル派の思想も、昔は、今よりもずっと、新自由主義に対して批判的でした。少なくとも、新自由主義に背を向けるという点で、本来の保守派と本来のリベラル派は、手を組み得るのです。

そう考えると、リベラル派の枝野氏が「保守本流」を自称しているのは、決して不自然なことではないと分かります。

ただ残念なことに、枝野氏は演説の中で、安倍政権の経済政策を批判して、次のように発言しています。

　だから、本来効果が上がるはずの金融緩和をとことんアクセルを踏み、財政出動にとことんアクセルを踏んでも、個人消費や実質賃金という、国民生活をよりよくするという経済政策の本来の目的にはつながらないところでとまっているのではないでしょうか。[注75]

注75　http://www.shugiin.go.jp/internet/itdb_kaigiroku.nsf/html/kaigiroku/000119620180720045.htm

安倍政権が、金融緩和のアクセルをとことん踏んでいるのは事実です。しかし、財政出動に関しては、とことんアクセルを踏んでいるわけではありません。

それどころか、**図9**をご覧ください。

安倍政権下の公共事業関係費は、「コンクリートから人へ」のスローガンを掲げた民主党政権の時と大して変わりません。当初予算で見ると、鳩山民主党政権下の公共事業関係費の当初予算（２０１０年）よりも、むしろ低いくらいです。

また、対ＧＤＰ比の財政赤字を見ても、安倍政権下では、急速に縮小しています。安倍政権は、そのイメージとは裏腹に、財政健全化を進めていたということです（**図10**）。

財政出動のアクセルを踏まないから、「個人消費や実質賃金という、国民生活をよりよくするという経済政策の本来の目的にはつながらないところでとまっている」のです。

図9◎公共事業関係費

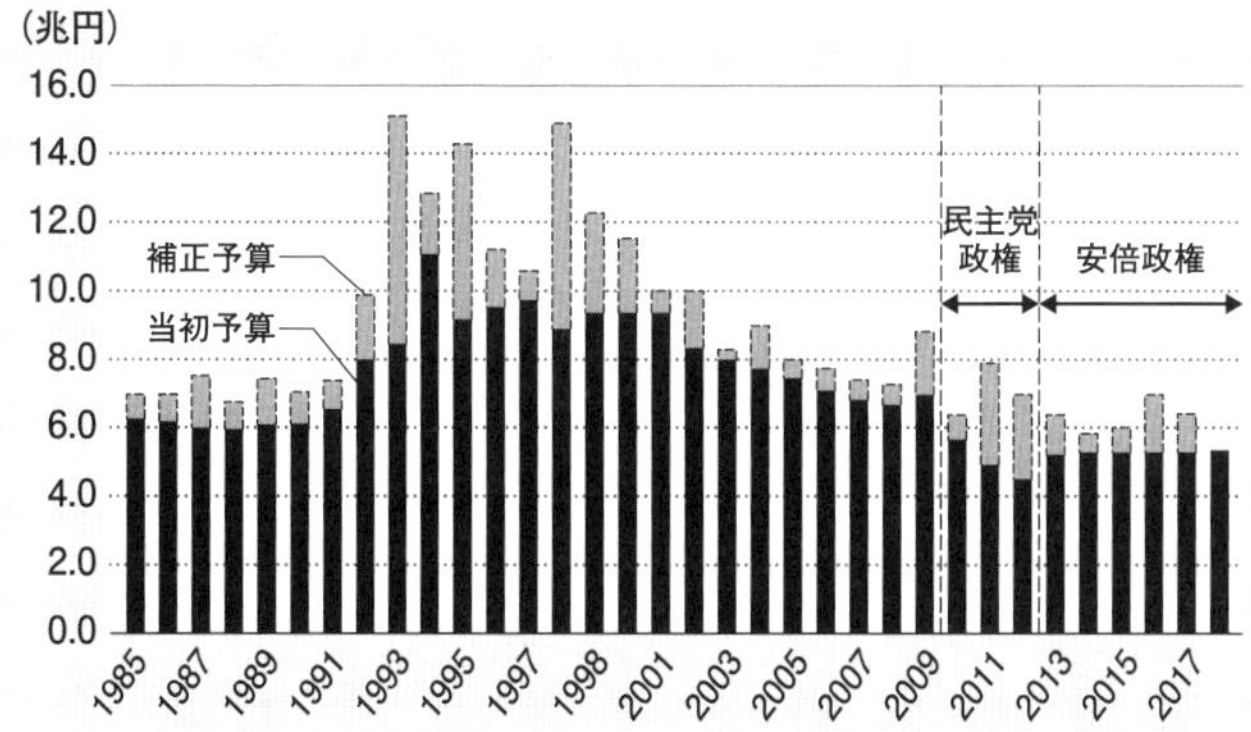

※同一基準で経年変化を比較可能とするために2014年の社会資本特会の一般会計化(14年以降も14年の0.62兆円の水準を維持すると仮定)の影響を除去した数値

出典)政府統計(財政統計/予算及び決算の分類/主(重)要経費別分類)より　藤井聡作成・提供

図10◎財政収支対GDP比(一般政府)

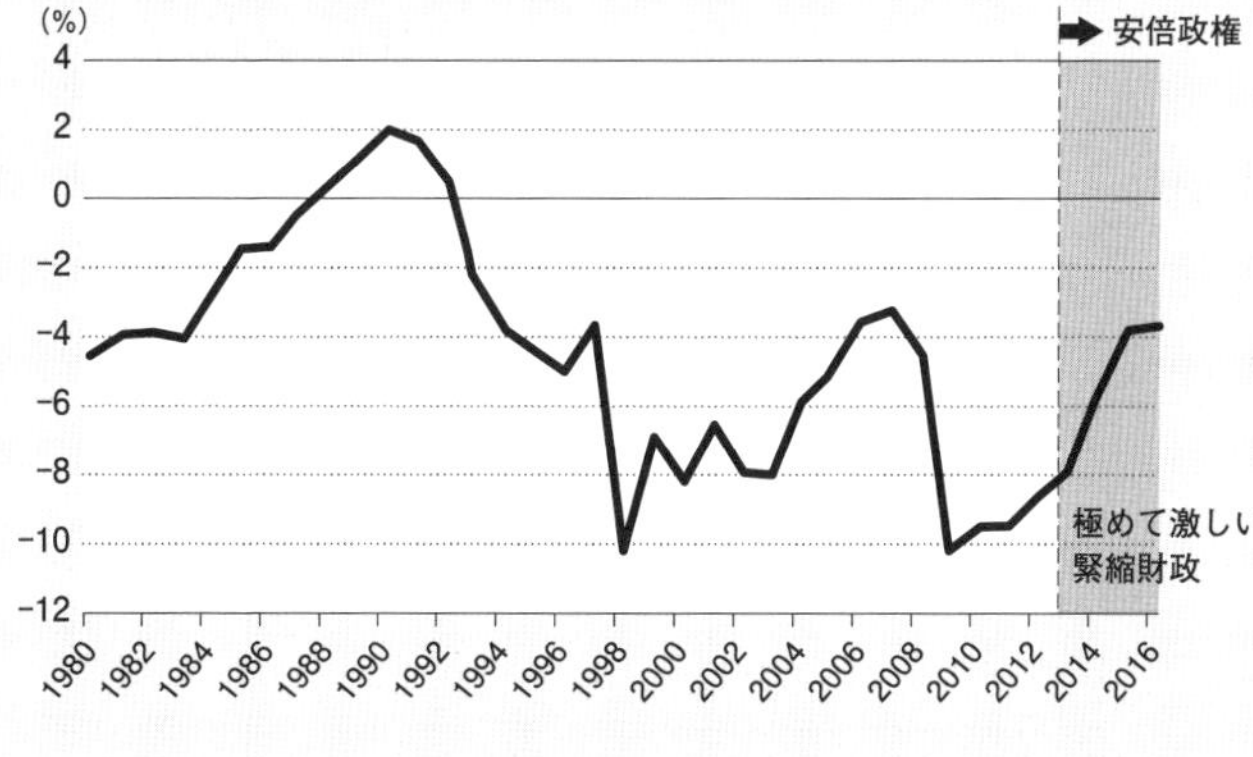

出典) IMF-World Economic Outlook Databasesをもとに、藤井聡京都大学大学院教授作成

第12章
世界を読み解く新たな座標軸

イデオロギーの四元構造

前の二章で、戦後の保守派とリベラル派が、１９７０年代頃を境として、それぞれ「保守的新自由主義」と「進歩的新自由主義」へと変質していったと述べました。言い換えると、保守派とリベラル派という「右」と「左」の対立に加えて、保守派とリベラル派それぞれの中で、「新自由主義」と「反・新自由主義」に分裂するという現象が起きたのです。

保守派（自由民主党）の中で「新自由主義」に傾いた勢力は、自らを「改革派」

と呼び、新自由主義に反発する勢力を「守旧派」「抵抗勢力」と呼んでいました。リベラル派の中では、民主社会主義的な勢力はかつての「社会党」であり、進歩的新自由主義と言えるのは、かつての「民主党」であったと言えるかもしれません。

これを大雑把に図式化すると、**図11**のような四元図に配置できます。

さらに、この座標軸のうち、縦軸の「新自由主義」「反・新自由主義」は、「グローバル化」「反グローバル化」と読み換えることもできます。なぜなら、新自由主義は、論理的には、グローバル化の推進へと行きつくからです。現に、新自由主義者のほとんどが、グローバル化を支持しています。

この**図11**の四元構造は、2016年以降の世界で何が起きているのかを理解する上で、大変、便利なものです。

2016年のイギリスのEU離脱（ブレグジット）の決定、アメリカのトランプ大統領の登場、2018年から19年にかけてのフランスの「黄色いベスト運動」、そしてヨーロッパ各地における反EUや反移民を掲げる勢力の台頭。

最近の世界では、こうした反グローバル化の政治勢力が急激にその力を伸ばしています。

その結果、今日の政治の構造や運動は、「親グローバル化」対「反グローバル化」という対立軸で理解できるようになっています。

その一方で、従来の「保守派（右）」対「リベラル派（左）」の二大勢力の対立も、依然としてあります。

その結果、今日の政治は、まさに**図12**の通り、「親グローバル化／右」「親グローバル化／左」「反グローバル化／右」「反グローバル化／左」の四大勢力を巡る争いとなっているのです。

この四元構造の問題は、政治の安定化を難しくするというところにあります。

というのも、二者間の勢力争いとは違って、四者間の勢力争いはより複雑になりますから、決着がつきにくくなるからです。

それに加えて、現実の国政における政党の構図は、依然として「右」対「左」という伝統的な対立軸によって分けられており、「親グローバル化」対「反グローバ

図11◎イデオロギーの座標軸

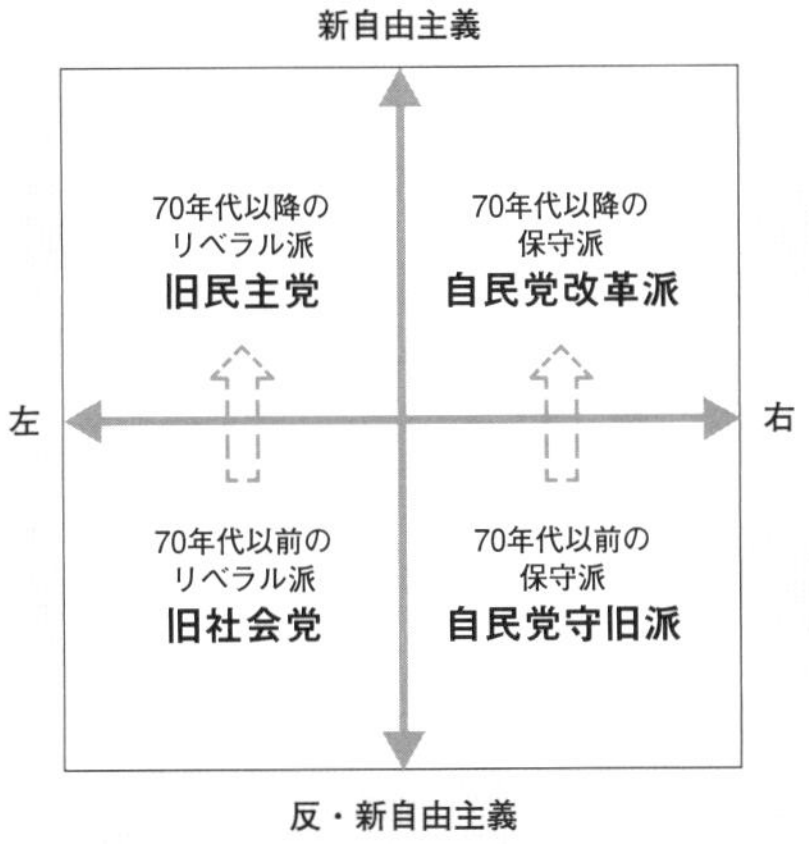

図12◎イデオロギーの座標軸

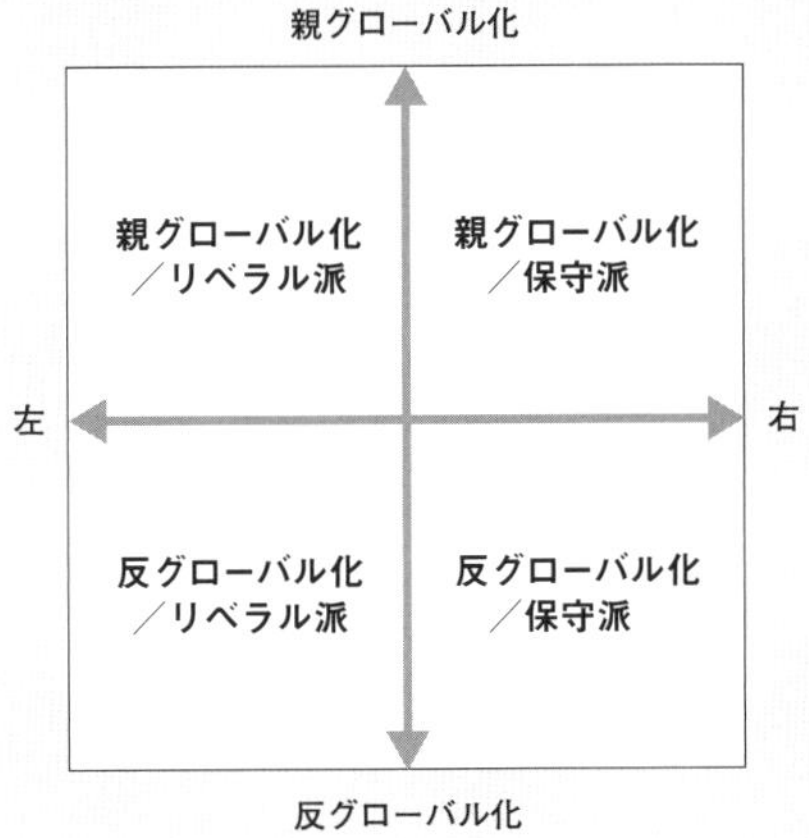

ル化」の対立軸が必ずしも反映されていません。

例えば、アメリカは二大政党制であり、「共和党（右）」対「民主党（左）」という対立軸で分けられており、「親グローバル化」対「反グローバル化」で分けられているわけではありません。

イギリスも、保守党と労働党の二大政党制であり、アメリカと事情は同じです。

このように、本来であれば、「親グローバル化／右」「親グローバル化／左」「反グローバル化／右」「反グローバル化／左」の四大政党が存在してしかるべきなのに、アメリカやイギリスでは、依然として、「右」と「左」の二大政党制です。

その結果、政治勢力の動きは、従来の二大政党制の枠組みから外れたものとなり、混乱します。こうして、政治が不安定化するのです。

それが顕著に表れたのが、トランプ大統領を誕生させた２０１６年の大統領選でした。

トランプ大統領の登場

２０１６年の米大統領選における主要な大統領候補（トランプ、ヒラリー・クリントン、バーニー・サンダース）を、四元構造の図式の中に配置したのが、**図13**です。

まず、トランプ候補の立場は「右」でしょう。しかし、同時に、ＴＰＰ交渉からの離脱やＮＡＦＴＡ（北米自由貿易協定）の見直し、移民管理の厳格化など「反グローバル化」の主張を鮮明にしました。

このトランプ候補の主張は、「右」の共和党の中でも異端であり、主流派が受け入れるところではありませんでした。共和党主流派の立場は「親グローバル化／右」だったからです。

このため、共和党主流派は、反グローバル化の立場をとる保守派の受け皿にはなりませんでした。その受け皿になったのが、トランプ候補です。

一方、民主党のクリントン候補は、グローバル化には比較的積極的な立場のリベラル派でした。それは、夫のビル・クリントン氏やオバマ前大統領の路線を引き継ぐものであり、民主党の主流派を代表するものでした。
前章において、1970年代以降のリベラル派は、「階級」よりも「アイデンティティ」に焦点を当て、その結果、「進歩的新自由主義」化したと述べました。アフリカ系のオバマ氏や女性のヒラリー・クリントン氏は、まさに、この1970年代以降のリベラル派を象徴する存在と言えるでしょう。
そのクリントン候補と民主党内で争ったのが、サンダース候補です。彼は、自ら「民主社会主義者」を名乗ったように、1970年代以前の古いリベラル派の生き残りでした。そのサンダース候補は、TPPに反対したことからも分かるように、グローバル化には批判的であり、それゆえ「反グローバル化／左」に位置づけられます。[注76]
2016年の大統領選挙は、この四元構造の中で争われたため、最後まで先が読めない展開となり、しかもトランプ候補が勝利するという異例の事態となりました。

注76 なお、MMTの提唱者の一人であるステファニー・ケルトン氏は、サンダース候補の顧問を務めていました。

図13◎2016年米大統領選

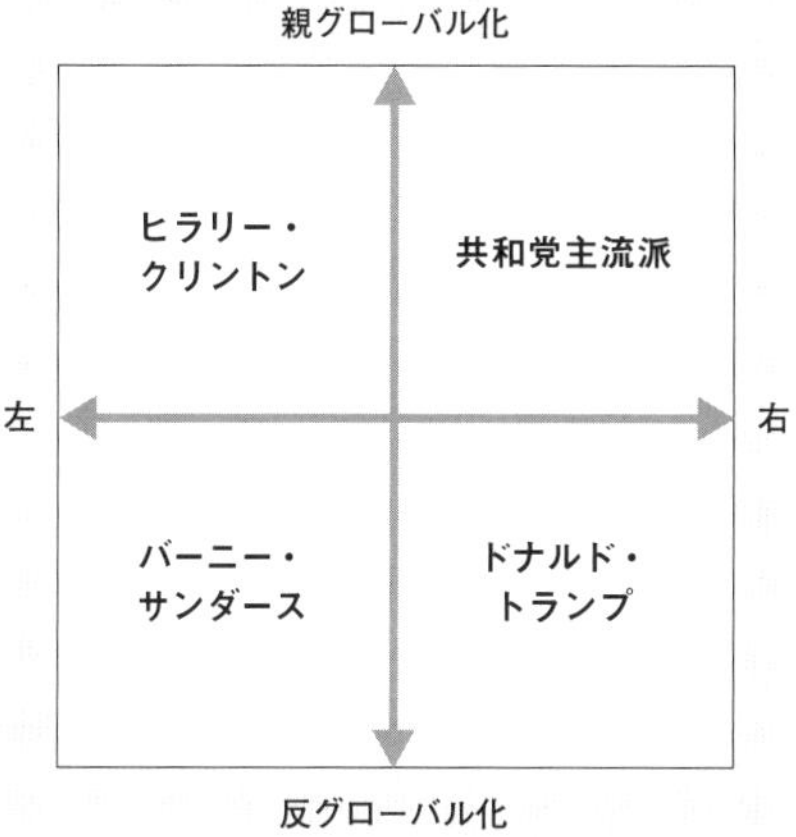

もし、「親グローバル化」対「反グローバル化」という対立軸がなければ、共和党主流派の支持を欠いたトランプ氏のような人物が大統領候補になることも、民主党主流派の支持を得ていたクリントン候補が敗れることも、あり得なかったはずです。

２０１６年の米大統領選は、「右」対「左」と「親グローバル化」対「反グローバル化」という四元構造に対して、既存の二大政党制では、もはや対応できなくなったということを、如実に示しているのです。

英仏の混乱

これと同じような現象は、ヨーロッパでも観察することができます。

2016年のイギリスのEU離脱（ブレグジット）を巡る国民投票を見てみましょう。この場合は、親グローバル化はEU残留、反グローバル化はEU離脱と読み換えることができます。

図14のように、既存の有力政党である保守党と労働党の主流派は、EU残留派（親グローバル化）でした。

これに対して、ボリス・ジョンソン氏ら保守党の一部に加え、新政党の英国独立党は、EU離脱を主張しました。彼らは、「反グローバル化／右」に位置づけられるでしょう。

他方、左派の中にも、EU離脱を求める声がありました。彼らは、「反グローバル化／左」です。

ちなみに、労働党のジェレミー・コービン党首はEU残留を支持しはしましたが、彼の本来の主義主張は、1970年代以前の古いリベラル派の復活と言われていま

図14◎2016年英EU離脱国民投票

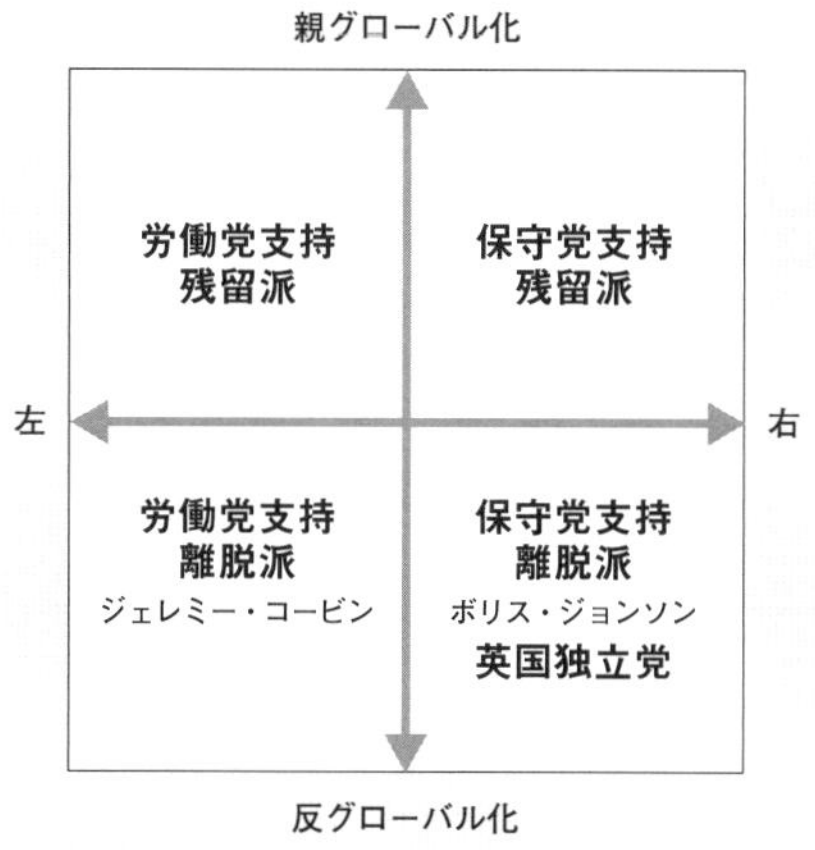

図15◎2017年仏大統領選・黄色いベスト運動

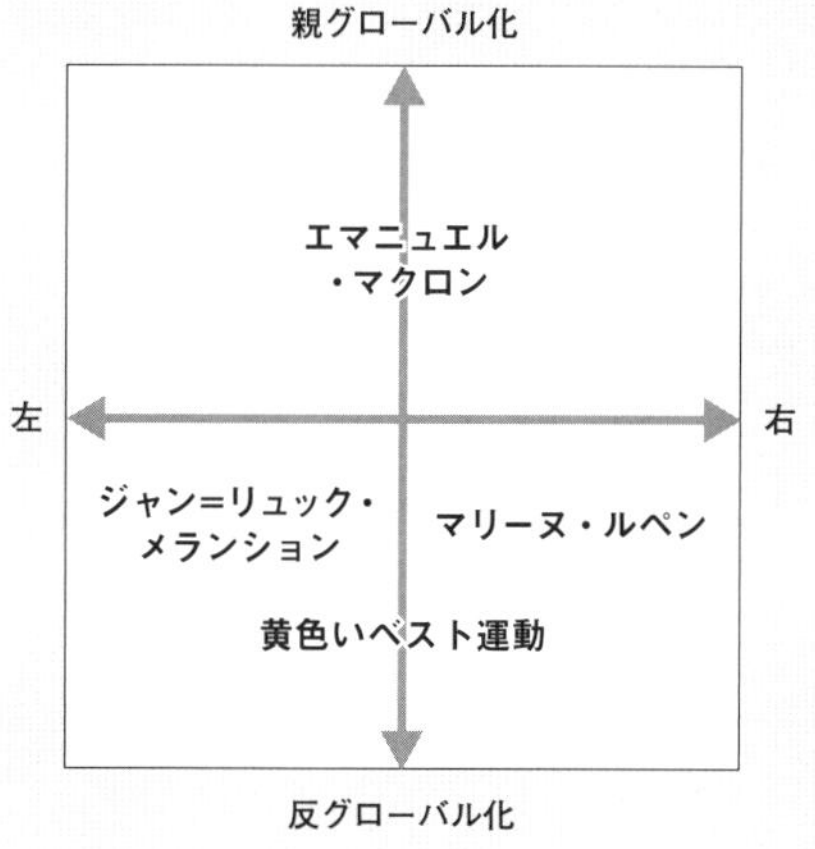

す。

そして、国民投票が行われた結果、ＥＵ離脱派がかろうじて勝利しました。既存政党の保守党と労働党の主流派がＥＵ残留を望んだにもかかわらず、それが覆ったのです。

このことも、既存政党の枠組みが、「右」対「左」、「親グローバル化」対「反グローバル化」の四元構造に対応できていない事例と言えるでしょう。

２０１７年のフランス大統領選においても、同様の現象が起きました。

図15にあるように、エマニュエル・マクロン候補は親ＥＵ・親グローバル化の立場を代表しました。

これに対して、「右」のマリーヌ・ルペン候補と「左」のジャン＝リュック・メランション候補は、ともに反ＥＵ・反グローバル化を標榜しました。

ここで注目すべきは、決選投票に進んだ二候補（マクロン候補とルペン候補）のいずれもが、伝統ある既存有力政党の出身者ではないという異例の大統領選挙であったということです。フランスでも、既存の政党の枠組みが、「親グローバル化vs

反グローバル化」に対応できていない様がうかがえるでしょう。

結局、フランス大統領選の結果は、「親グローバル化」のマクロン氏の勝利で終わりました。おそらく、「反グローバル化」の中でも「左」の支持者たちには、「右」のルペン氏への忌避感が強かったのでしょう。「右」「左」のイデオロギーの対立軸が依然としてあるので、「反グローバル化」の勢力は、「右」と「左」で手を組めなかったといったところでしょうか。

さて、そのマクロン大統領は、連帯富裕税の廃止、労働規制の緩和、年金受給年齢の引き上げや燃料税の増税などの緊縮財政、国鉄民営化、大学改革など、典型的な新自由主義的「ムチ型」成長戦略を打ち出しました。

その結果、2018年末から翌年にかけて、「黄色いベスト運動」という激しい抗議の運動が巻き起こりました。この「黄色いベスト運動」には、「右」「左」を問わず、「反グローバル化」の勢力が加わっています。

2018年11月の調査によれば、自らを「黄色いベスト」と位置づける人の割合は、マリーヌ・ルペン支持者（反グローバル化／右）が42％と最も高く、続いてジャン＝リュック・メランション支持者（反グローバル化／左）の20％となっていま

す。[注77]

ポピュリズム

欧米における反グローバル化の動きは、「ポピュリズム」と呼ばれています。「ポピュリズム」というのは、一般的には、人気取りの政治を意味します。一部の政治家が虚偽の情報や感情を刺激するような過激なレトリックを展開したりして、無知蒙昧な民衆を扇動するような政治が、ポピュリズムと呼ばれて批判されます。

実際、2016年のアメリカ大統領選において、トランプ候補は、「アメリカ・ファースト」「メイク・アメリカ・グレート・アゲイン」をスローガンにしたナショナリズム、過激な排外主義、あるいはエリートに対する攻撃によって、有権者の人気を集めました。ある調査結果によれば、トランプ候補の発言のうち、「真実」と「おおむね真実」をあわせても、2割にも満たなかったとのことです。[注78]

イギリスでも、EU離脱派から発信されたフェイク・ニュース（偽情報）が投票結果に影響を与えたと言われています。例えば、英国独立党党首ナイジェル・ファラージ氏は、国民投票のキャンペーン中、「イギリスがEU加盟国に支払っている拠出金は週3億5000万ポンド（約480億円）に達する」などと主張していましたが、これはフェイク・ニュースでした。

このように、反グローバル化の政治勢力には、フェイク・ニュースと感情的なレトリックによって煽られたポピュリズムの性格が強いことは事実です。

しかし、本書のこれまでの議論、あるいは『目からウロコが落ちる 奇跡の経済教室【基礎知識編】』を読まれた読者の方々は、すでにお分かりでしょう。

エリートたちもまた、「財政健全化は不可欠」「グローバル化は避けられない」「自由貿易でなければ、繁栄は望めない」「規制緩和で経済は成長する」といったフェイク・ニュースを信じ込み、それをばらまき続けていたのです！

そして、それが、経済停滞、賃金の伸び悩み、格差の拡大といった事態を招いた

注77 https://globe.asahi.com/article/12004260
注78 http://www.politifact.com/personalities/donald-trump/

のです。ところが、エリートたちは、この事態を放置していながら、自分らはそれによる痛みを感じないポジションにいる。それどころか、利益を増やす者もいる。

これでは、民衆がエリートたちに不信感を抱くのも当然でしょう。エリートたちを信用できなくなった民衆は、彼らの代わりを求めて、ポピュリストの政治家へと走ったのです。

イギリスの『エコノミスト』誌も、次のように書いています。

（ポピュリズムの原因の）一つは、怒りである。多くの有権者が見捨てられ、置いて行かれたと感じる一方、責めを負うべきエリートたちはいい思いをしている。有権者たちは、ユーロは生活を良くするとか、サダム・フセインは大量破壊兵器をもっていると言っていた自己中心的な専門家たちを軽蔑している。西洋諸国のどこの民主政治においても、専門家の意見や権威ある機関への人々の信頼は、地に堕ちているのである。[注79]

「西洋諸国のどこの民主政治においても、専門家の意見や権威ある機関への人々の信頼は、地に堕ちている。」

まさに、その通りだと思います。

いや、それどころか、エリートたちの見解よりも、彼らが批判するポピュリストのほうが正しい場合すら少なくありません。

例えば、イギリスでは、２００８年から5年間、東ヨーロッパからの移民が流入し続け、その純増数は２０１５年に33万人を超えました。その間、イギリスの労働者の実質賃金は８％も低下しました。しかし、イギリスは、ＥＵに加盟しているため、移民の流入を厳格に管理することはできません。イギリスの労働者階級がＥＵ離脱を支持したのも、当然でしょう。

２０１６年のアメリカの大統領選でも、同じことが言えます。

大統領選のキャンペーン中、トランプ候補は、中国との貿易がアメリカの労働者

注79　https://www.economist.com/news/leaders/21706525-politicians-have-always-lied-does-it-matter-if-they-leave-truth-behind-entirely-art?fsrc=scn/tw/te/pe/ed/artofthelie

に打撃を与えていると煽っていましたが、経済学者のデイヴィッド・オーター氏らの実証研究は、1999年から2011年の間の中国からの輸入によって、アメリカの雇用は200万人から240万人ほど失われたと推計しています。[注80]

このオーター氏は真面目な研究者ですが、アメリカの雇用を守るための対策として、国境調整税や製造業を振興する産業政策など、トランプ氏の主張と同じような提案をしているのです。[注81]

また、トランプ氏は「NAFTAを見直す」とか、「メキシコとの国境に壁を造る」とかいった主張で物議を醸しましたが、これらの主張にも根拠がありました。

1994年に発効したNAFTAにより、アメリカ、カナダ、メキシコの間での資本移動の自由、多国籍企業による無制限の投資、貿易自由化が実現しました。これにより、メキシコの農業は、アメリカからの安価なトウモロコシの輸入により壊滅しました。困窮した地方のメキシコ人たちは、不法移民としてアメリカに流入したため、アメリカの労働者たちの実質賃金は伸びなくなってしまいました。[注82]

こんな実態にもかかわらず、アメリカのエリートたちは「自由貿易にはメリットがある」と言い張り続け、労働者に救いの手を差し伸べようとはしてきませんでした。これでは、アメリカの労働者たちが「メキシコとの国境に壁を造る！」と言ってくれる政治家に票を入れたくなるのも当然でしょう。

エリートたちは、フェイク・ニュースに踊らされるポピュリズムを嘆いています。しかし、そのポピュリズムを生み出した責任は、新自由主義というフェイク・ニュースを流し続けた自分たちにあるということを自覚し、大いに反省すべきでしょう。

西洋諸国の民主政治では、どこでも、エリートたちに対する人々の怒りと不信感が頂点に達しつつあります。

注80　Daron Acemoglu, David Autor, David Dorn, Gordon H. Hanson and Brendan Price, 'Import Competition and the Great US Employment Sag of the 2000s', Journal of Labor Economics, Vol.34, No.S1, Part2, January, 2016, pp.S141-S198.

注81　https://www.bloomberg.com/view/articles/2017-03-16/the-man-who-made-us-see-that-trade-isn-t-always-free

注82　James Galbraith, The Predator State: How Conservatives Abandoned the Free Market and Why Liberals Should Too, Free Press, 2008, pp.80-81.

イギリスのEU離脱やトランプ大統領の登場、ヨーロッパ各地での右派の台頭、「黄色いベスト」運動。

しかし、いずれについても、エリートたちには想定外の出来事で、彼らは狼狽《ろうばい》するばかりでした。彼らは、グローバルなエリートの「認識共同体」に安住していたために、人々の怒りや不信に気づかなくなっていたのです。

世界の政治指導者、大企業幹部、金融機関首脳などエリートたちが集う世界経済フォーラム年次総会というものがあります。通称「ダボス会議」です。「ダボス会議」は、まさに世界のトップ・エリートたちの「認識共同体」の場と言えます。

しかし、2016年1月、ダボス会議の出席者たちは皆、その年に起きたイギリスのEU離脱を決める国民投票も、米大統領選におけるトランプ候補の勝利も、まったく予測していませんでした。それどころか、翌年のダボス会議では、トランプ大統領は現実的な指導者になるだろうなどと寝ぼけたことを言っていたのです。

2018年のダボス会議でも、世界経済は順調だと信じ、フランスのマクロン大

統領が国民の反発を招いて苦境に立つことも、イタリアでポピュリスト政権が成立する可能性も、看過していました。[注83]

ダボス会議のエリートたちの予測が、これほど見事に外れまくったのも、エリートたちが、居心地のよい彼らの「認識共同体」に引きこもり、人々の生活や心情を理解することができなくなっていたからにほかなりません。

注83　https://jp.reuters.com/article/davos-breakingviews-idJPKCN1PM0AJ

第13章 滅びゆく民主主義

グローバル化と民主政治

　これまで「グローバル化」と言えば、避けられない歴史の流れであるかのように語られてきました。

　政治家、官僚、学者、経済界のリーダー、あるいはマスメディアといった国政に影響を与えるエリートたちは、「グローバル化の流れは止められない」とか、「グローバル化に反発するのは時代錯誤である」と言い募ってきました。そして、国民一般も、そう信じています。

また、エリートたちは、「グローバル化によって、国家主権という考え方は、時代遅れになった」と解説してきました。個人や企業が軽々と国境を越えて活動するようになったため、これまでのように、国家が個人や企業の活動を制約することができなくなったのです。むしろ、国家のほうが、グローバル化の要請に合わせなければならなくなりました。グローバル化によって国家主権が制限されるようになったのです。

そして、エリートたちは、国家主権がグローバル化によって制限されることを歓迎し、その流れをもっと進めるべきだと主張してきました。一般国民の多くも、この話を真に受けてきました。

平成の30年間では、「グローバル化の時代には、国家主権という考え方は、もはや通用しない」というのが、世界情勢を語る際のお決まりの文句でした。

しかし、よく考えてください。

「国家主権という考え方は、もはや通用しない」と簡単に言いますが、民主国家においては、主権者は国民ということになっています。

だとすると、民主国家においては、「国家主権」は「国民主権」と同じことになります。「国家主権は、時代遅れ」ということは、「国民主権（民主政治）は、時代遅れ」というのと同じなのです。

つまり、「グローバル化の時代には、国家主権はもはや通用しない」というのは、「グローバル化の時代には、民主政治はもはや通用しない」と言っているに等しいのです。

グローバル化とは、民主政治の否定につながるのです。

「グローバル化は避けられない」とか「グローバル化を進めよう」とか主張している人たちは、「民主政治の否定は避けられない」「民主主義の否定を進めよう」と主張しているのと同じになるのですが、それでいいのでしょうか？

ハーバード大学のダニ・ロドリック教授は、グローバル化、国民国家、民主政治の三つは「トリレンマ」の状態にあると論じています。[注84]

「トリレンマ」とは、三つの選択肢のすべてがいっぺんに成立しない状態のことを言います。つまり、グローバル化、国民国家、民主政治の三つを同時に実現できないというのです。

具体的には、私たちは、次の三つのうちのどれかを選ぶしかありません。

①もし国民国家を維持したまま、グローバル化を徹底するために各国の制度上の違いや参入障壁をなくすのであるならば、各国の民主政治による制度の自己決定権は制限されなければならない。

②もし国民国家を維持したまま、各国の民主政治を守ろうとしたら、グローバル化は制限されなければならない。

③もしグローバル化を徹底し、かつ民主政治を維持するというのならば、国民国家という枠組みを放棄し、グローバルな民主政治を実現しなければならない。

注84　Dani Rodrik, The Globalization Paradox: Democracy and the Future of the World Economy, W.W.Norton & Company, 2011, Ch.9.

この三つのうち、③の「グローバルな民主政治」というのは、到底、実現しそうにありません。

だとすると、現実的には、①か②を選ぶことになります。

すなわち、民主政治を制限する（①）か、グローバル化を制限する（②）かです。

日本では、「グローバル化」を歓迎すべきものと考える人は少なくありません。同時に「民主政治」を否定する人もほとんどいない。

しかし、グローバル化と民主政治は、両立しないのです。

さて、冷戦が終結した後の1990年代初頭から、グローバル化が進められてきました。それは、民主政治がないがしろにされてきたということです。「グローバル化の深化」とは「民主政治の後退」にほかなりません。

民主国家がグローバル化を進めるのは、矛盾でしかないのです。

その矛盾が、2016年以降、世界中ではっきりしてきました。

イギリスのEU離脱の決定、アメリカのトランプ大統領の登場、フランスの「黄色いベスト」運動、ヨーロッパ各地での極右勢力の台頭など、「ポピュリズム」と呼ばれる動きが強まっています。そして、ポピュリズムは、ほとんどの場合、反グローバル化の運動となっています。

このグローバル化とポピュリズムの対立は、グローバル化と民主政治の対立と読み換えることができるでしょう。そもそも、ポピュリズムという言葉は、「人民（ポプルス）」に由来しています。このことからも分かるように、「ポピュリズム」の本来の意味は、民主主義とほぼ同じなのです。

現在の世界情勢であらわになっている「グローバル化」vs「反グローバル化」の対立は、「反民主政治」vs「民主政治」の対立だと理解すべきなのです。

EUは反民主的な制度

例えば、2016年のイギリスのEU離脱を巡る国民投票を例にとってみましょう。

この国民投票に関して、ある世論調査によれば、離脱派が離脱の理由として挙げたのは、第一位が「イギリスに関する決定はイギリス内で行うべきという原則」、第二位が「移民と国境の管理」でした。[注85]

この理由の第一となった「イギリスに関する決定はイギリス内で行うべきという原則」こそ、国民主権の原則にほかなりません。

第二の理由である「移民と国境の管理」についても、同様です。EUに加盟している限り、イギリス国民が移民を制限したくてもできません。EUを離脱して、移民と国境の管理をできるようにするということは、イギリス国民の主権を回復するということなのです。

そもそも、EUは民主国家ではありません。EUの意思決定は、各国の有権者による選挙の洗礼を受けていないヨーロッパ委員会や加盟国の指導者たちによってなされます。それにもかかわらず、その決定は加盟国の主権を制限します。民主的正統性のないEUの意思決定が、各国の民主的意志決定を制限しているのです。EUとは、反民主的な国際制度なのです。この反民主的なEUに対して、国民主権の原則を掲げて反旗を翻したのが、離脱派だったというわけです。

イギリスはEUに加盟したことで、移民の管理に関する国民主権を制限されてしまいましたが、それでも、共通通貨ユーロを採用せず、自国通貨のポンドを維持しただけ、まだましでした。

問題は、自国通貨を捨て、共通通貨ユーロを採用したユーロ加盟国です。

共通通貨ユーロは、欧州連合設立条約であるマーストリヒト条約の規定により、超国家的機関である欧州中央銀行（ECB）が発行する通貨とされています。ユーロ加盟国は、自国通貨の発行権を放棄しなければなりません。これは、通貨発行権という国家主権の放棄です。

また、マーストリヒト条約は、ユーロ加盟国に対して、財政赤字をGDPの3％以下、政府債務はGDPの60％以下に抑える義務を課しています。これは、財政主権の放棄です。

ところで、なぜ、マーストリヒト条約は、財政赤字に制限を課しているのでしょうか。

注85　http://lordashcroftpolls.com/2016/06/how-the-united-kingdom-voted-and-why/

それは、もし、ユーロ加盟国が国内政治の圧力によって財政支出を拡大し、インフレを引き起こすようであれば、ユーロの貨幣価値が下がってしまうからです。ユーロの価値が下がると、資本はユーロ経済圏から流出し、金利が高騰するおそれがあります。このような事態を防ぐため、マーストリヒト条約は、財政赤字に大幅な制限を加えたのです。

しかし、財政赤字が制限されたことからも分かるように、ユーロの貨幣価値を下げないようにするということは、要するに、経済をデフレ気味にし続けるということです。

ユーロ加盟国は、不況対策として、積極財政によってインフレ（ユーロの価値の下落）を起こすことができません。その反対に、ユーロの価値を維持するために、国民に失業と賃金抑制を強いなければならないのです。

国民のためにユーロの価値を犠牲にするのではなく、ユーロの価値のために国民を犠牲にする。まさに本末転倒です。

この矛盾は、2008年の世界金融危機によって世界が大不況に陥ったことで、噴出しました。ユーロ加盟国は、不況対策として財政出動をすべきでしたが、マーストリヒト条約がそれを制限していたために、できませんでした。その結果、ユーロ加盟国の多くが、高い失業率に苦しむこととなったのです。

近年、ユーロ加盟国の中で、反EUのポピュリズムの運動が強まっている背景には、マーストリヒト条約による国民主権の制限という事情があったのです。

国際条約と民主政治

マーストリヒト条約という国際条約は、各国の財政政策に関する「国家主権＝国民主権」に制限を加えています。それは、財政を国民主権に任せておくと、財政赤字が拡大して、インフレ（ユーロの価値の下落）を招くからという発想に基づいています。

ここで、第8章の財政赤字と民主政治の議論を思い出してください。

1970年代のインフレの中で、民主政治が財政赤字の拡大とインフレをもたらしているという議論が活発になりました。その流れの中で、ジェームズ・ブキャナンという経済学者は、憲法に均衡財政を規定して、民主政治による財政赤字の拡大に歯止めをかけるべきだと論じました。

ところで、なぜ、ここで「憲法」が出てくるのでしょうか。しばしば忘れられていますが、本来、「憲法」というものは、民主政治に制限をかける法規範なのです。

率直に言って、民主政治は、常に正しい結論に至るとは限りません。もし、国民の多数がトチ狂えば、選挙で選ばれた政治家の多数が、おかしな法律を制定することもあり得ます。

場合によっては、多数派が、例えば、少数派の基本的人権を侵害するような法律を定めることとすら、あるかもしれません。多数派が常に正しいとは限らないのです。

そこで、憲法は、基本的人権の保障を規定し、多数派が少数派の基本的人権を侵害できないようにするのです。民主政治ですら、基本的人権を保障する憲法には従わなければならないのです。

言い換えれば、憲法は、民主政治から基本的人権を守るものなのです。これが、いわゆる「立憲主義」と呼ばれる考え方の基本です。

その意味で、誤解を恐れずに言えば、立憲主義には、反民主的な性格が含まれているのです。しかし、その反民主的な性格は、自由権などの基本的人権を守るために必要なのです。

ところが、この憲法の反民主的な性格を利用して、民主政治を制限し、均衡財政を守らせようというのが、ブキャナンの発想なのです。

そして、この「立憲主義」の発想を国際条約に応用したのが、マーストリヒト条約であると言うことができます。

一般的に、国際条約は、各国の法律よりも優先されます。民主国家の法律を定めるのは民主政治です。しかし、国際条約で制度を決めてしまえば、その制度に反することを各国の民主政治で決めることはできなくなるのです。

この「国際条約>国内の法律（＝民主政治）」というルールを使えば、民主政治を無力化することができるのです。マーストリヒト条約は、まさにこのルールを使って、各国の民主政治を無視して、均衡財政を強制しているというわけです。

国際条約による民主政治の制限は、財政面に限りません。

例えば、貿易の自由、資本移動の自由、労働移動（移民）の自由もまた、国際条約で決めてしまえば、民主政治は手が出せません。さらには、労働基準、環境基準、知的財産権なども、国際条約で決めてしまえば、各国の民主政治では手が出せません。

マーストリヒト条約のみならず、WTOルール、NAFTA、TPPなども、まさに民主政治を制約する国際条約だと言えるでしょう。

先ほど論じたように、グローバル化の徹底は、民主政治とは両立しません。本来であれば、民主国家において、グローバル化を徹底することはできないはずです。

それが、なぜ、できてしまうのか。

その秘密は、国際条約にあったのです。

国際条約は、国内の法律（＝民主政治）に優越するので、国際条約を使って各国の民主政治を制限すれば、グローバル化を徹底することができるのです。

もちろん、国際条約を批准するには議会の承認を必要とするので、民主政治が反民主的な国際条約を拒否することは、理屈上は可能です。

しかし、現実問題としては、政府間で合意した国際条約案を、議会で拒否するのは容易ではありません。なぜなら、一般的には、政府与党が議会の多数派を占めているからです。政府が合意した条約案を与党が拒否することは、政権の基盤を揺るがしかねないので、普通は、やらないでしょう。実際、戦後の日本で、政府間で合意した条約案を国会が拒否したような例は、おそらく、ないのではないでしょうか。

しかも日本の場合、条約の国会承認の場合には、衆議院と参議院で議決が異なる場合には、憲法第六十一条の規定により、衆議院の議決が優越するとされています。

国内の法律案の場合には、衆議院で可決し、参議院でこれと異なった議決をした場合に、衆議院が出席議員の3分の2以上の多数で再び可決しなければ、法律にはなりません。

ところが、国際条約については、参議院が否決をしても、衆議院が可決していれば、承認されます。しかも、国際条約は、国内の法律よりも上位にある。

したがって、国内の法律で定めるべきことを国際条約で決めてしまえば、実質的に、衆議院だけで、国内の法律を決めることができてしまうのです。

念のため補足しますが、私は、「国際条約は、すべて望ましくない」などという極論を言っているのではありません。

大量破壊兵器の拡散の抑止、非人道的兵器の禁止、国際犯罪の防止、地球温暖化防止、あるいは租税回避の防止など、国際条約によって決めることが必要かつ有効である場合もあります。

私が言いたいのは、国際条約を、「ムチ型」成長戦略のために利用すべきではないということです。民主政治に任せていては、財政赤字の削減や移民の受け入れなどが実現しにくいからと言って、国際条約によって民主政治をすり抜けようというのは、国際条約の悪用と言わざるを得ません。

もちろん、仮に国際条約を締結してしまっても、それが良くないと分かった時点で、国際条約から離脱したり、国際条約を改正したりすることは、論理的には、可能です。実際、アメリカのトランプ政権は、ＴＰＰ交渉から離脱したり、ＮＡＦＴＡの再交渉に踏み切ったりしました。

しかし、そのような強引な手法が可能なのは、アメリカという世界最強の超大国に、トランプ大統領という強引な指導者が現れたからです。

普通の国では、そうはいきません。

例えば、イギリスのEU離脱については、どうでしょう?

2016年、イギリスは、国民投票によって、EU離脱を決定しました。しかし、実際の離脱のプロセスは大変に難航しています。

イギリスの国民が国民投票までしてEU離脱を決定したというのに、なかなか離脱させてもらえない。民主政治で決めたことが、すんなりと通らない。結局、2019年4月、ついにEU離脱は同年10月まで延期されるということになりました。そして6月7日、万策尽きたテリーザ・メイ首相は、辞任したのです。

このように、いったん加入した国際条約から離脱することは、そう簡単ではないのです。

これは、国際条約に限ったことではありません。政治や経済というものは、一度、決めたら、そう簡単には元に戻したり、変更したりすることはできないものなのです。

それについては次章で詳しく論じます。

特別付録⑤

MMTと民主政治

「特別付録②」で説明したとおり、今の日本でインフレを懸念するというのは、馬鹿馬鹿しい話です。

20年という長期のデフレに苦しんでいる日本が、インフレを懸念して、デフレ下で政府支出の抑制に努めたり、増税を目指したりしているなどという姿は、異常です。「インフレ恐怖症」と言ってもいい。

なぜ、これほどまで極端にインフレが恐れられているのでしょうか。

その理由の根源は、貨幣の理解にあります。[注85]

「特別付録①」で説明したように、通貨の価値を裏付けているのは、通貨を法律で定め、その通貨による納税義務を国民に課す「政府」の権力です。

ところが、主流派経済学の標準的な教科書は、貨幣について、いまだに、こんな説明を平気でしているのです。

原始的な社会では、物々交換が行われていたが、そのうちに、何らかの価値をもった「商品」が、便利な交換手段（つまり貨幣）として使われるようになった。その代表的な「商品」が貴金属、とくに金《きん》である。これが、貨幣の起源である。

しかし、金《きん》そのものを貨幣とすると、純度や重量など貨幣の価値の確認に手間がかかるので、政府が一定の純度と重量をもった金貨を鋳造するようになる。

次の段階では、金《きん》との交換を義務付けた兌換《だかん》紙幣を発行するようになる。こうして、政府発行の紙幣が標準的な貨幣となる。

最終的には、金《きん》との交換による価値の保証も不要になり、紙幣は、不換紙幣となる。それでも、交換の際に皆が受け取り続ける限り、紙幣には価値があり、貨幣としての役割を果たす。[注87]

注86　貨幣とは何かについては、『目からウロコが落ちる　奇跡の経済教室【基礎知識編】』第五章も参照してください。

このような貨幣論を「商品貨幣論」と言います。

しかし、この「商品貨幣論」は、間違いなのです。

かつて、金本位制の下においては、通貨には、確かに、金《きん》との兌換が義務付けられていました。当時は、各国政府が発行する通貨の価値は、金《きん》という商品が担保していることになっていたのです。

しかし、1971年にドルと金《きん》の兌換が廃止されて以降、世界のほとんどの国が、貴金属による裏付けのない「不換通貨」を発行しています。

ところが、なぜ、そのような不換通貨が流通しているのかについて、主流派経済学の「商品貨幣論」では、納得できる説明ができないのです。

主流派経済学は、一応、「他人が受け取ることが分かっているから、誰もが不換通貨を受け取るのだ」という苦し紛れの説明をしています。つまり、「みんながおカネだと思っているから、みんながおカネをおカネだと思って使っている」というわけです。

さて、もし、この主流派経済学の説が正しいとすると、通貨の価値は、「みんなが通貨としての価値があると信じ込んでいる」という極めて頼りない大衆心理によって担保されているということになってしまいます。

しかし、もし人々がいっせいに通貨の価値を疑い始めてしまったら、通貨はその価値を一瞬にして失ってしまうでしょう。紙幣は、単なる紙切れになります。つまり、ハイパーインフレです。

主流派経済学者が、なぜインフレを極端に恐れているのか、もうお分かりになったかもしれません。

要するに、主流派経済学者は、それ自体に商品価値がないはずの不換通貨が、なぜ通貨として流通しているのかについて、本当のところを分かっていないのです。だから、「もし、人々が通貨に対する信認を失い、通貨の価値を保証するものがなくなってしまったら、どうしよう」と不安で仕方がないというわけです。

「インフレ恐怖症」の原因は、貨幣に関する無知にあったというわけです。

注87　N・グレゴリー・マンキュー『マンキューマクロ経済学I入門編【第3版】』東洋経済新報社、2010年、pp.110-112.

そうであるならば、MMTの正しい貨幣論を受け入れればよいではないか。そうすれば、「インフレ恐怖症」は治るだろう。

読者の皆さんは、そう思われたかもしれません。

しかし、残念ながら、そう簡単にはいかないのです。

その理由は、本章で説明した民主政治の問題と深く関わっています。

改めて、MMTは「通貨の価値を保証するのは、政府の徴税権力である」と説明しています。

国民主権である民主国家においては、政府の徴税権力の根源は、民主政治にあります。わが国でも、憲法第八十三条において、国会が予算や税を議決する「財政民主主義」を定めています。

ということは、現代民主国家においては、通貨の価値を保証するのは「徴税権力=民主政治」だということになります。

しかし、このような結論こそが、主流派経済学者には、とうてい受け入れられるものではないのです。

なぜならば、民主政治は、民意や政治的な利害調整によって決まるものです。そのような不完全な民主政治が、通貨の価値を保証し、財政を決め、物価の調整に深く関与するなどということは、主流派経済学者にはどうしても耐えられないのです。

なぜなら、主流派経済学は、不完全な民主政治ではなく、完璧な市場メカニズムが経済をきれいに調整してくれる世界を理想としているからです。[注88]

そこで、主流派経済学者は、財政規律を重視し、民主政治による財政権力に制限を加えようとします。ジェームズ・ブキャナンなどは、「憲法で財政規律を定めて、民主政治を制限せよ」とまで唱えました。

また、主流派経済学者は、物価の調整機能は、中央銀行が担うべきだと主張します。そして、「中央銀行の独立性」を重視します。「中央銀行の独立性」とは、中央銀行が、民主政治の影響を受けずに、物価を調整するということです。

要するに、主流派経済学は、その本質において「反民主主義的」で「エリート主義的」

注88 主流派経済学のありさまについて耳を疑った方は、『目からウロコが落ちる　奇跡の経済教室【基礎知識編】』第二部、特に第十三章を参照してください。

なのです！

こうした主流派経済学の理解に基づき、現実の経済運営は、中央銀行の金融政策が主導するものとなり、財政政策に対する評価は消極的・否定的なものとなりました。それは、アメリカでもヨーロッパでも日本でも、そうです。

しかし、今日、その金融政策主導の経済運営が完全に行き詰ってしまいました。特に日本では、量的緩和という金融政策主導によるデフレ脱却は、明らかに失敗に終わりました（詳しくは、『目からウロコが落ちる　奇跡の経済教室【基礎知識編】』第十一章・第十二章を参照してください）。

主流派経済学は、貨幣論からして間違っています。ですから、主流派経済学にのっとった金融政策主導の経済運営が失敗するのは、当然のことだったのです。

では、主流派経済学ではなくMMTにしたがって経済運営をすると、どうなるでしょうか。

それは、財政政策主導の経済運営となります。中央銀行の役割も大事ではありますが、財政政策の役割の方がずっと大きくなります。

さて、財政民主主義の原則がある以上、経済運営を財政主導にするということは、民主政治主導にするということになります。言い換えれば、経済政策が「民主化」されるのです。

MMTは、経済政策を「民主化」すべきだと主張しているのです。

もっとも、民主政治が完全なものではないのは、事実です。賢明とは言えない判断もすることは否定できません。

しかし、正しい貨幣論に基づくならば、経済運営は「財政主導＝民主政治主導」で行うしかないのです。仮に、インフレの行き過ぎを防ぐための財政規律や「就業保証プログラム」（「特別付録②」参照）のような制度を導入するにしても、その導入もまた、民主政治が決めるのです。

民主政治をより賢明なものにするか否かは、われわれ国民の責任にかかっています。

第14章 歴史の大問題

経路依存性

一度、決まってしまったことは、そう簡単には元に戻したり、変更したりすることはできない。このような現象を「経路依存性」と言います。

「経路依存性」の最も有名な例は、タイプライターのキーボードの配列です。

タイプライターは、その登場の初期の段階で、キーボードの配列がＱＷＥＲＴＹに決まりました。すると、それが標準化され、固定化されることとなったのです。

そして、その後、より効率的な文字配列の代替案が提示されたとしても、ＱＷＥＲ

TYという配列は使われ続け、現代のパソコンのキーボードの配列に至っています。[注89]

発電用原子炉の主流が軽水炉であることも、「経路依存性」の例です。

最初の発電用原子炉は、原子力潜水艦用に開発された軽水炉が採用されました。軽水炉は、商用原子炉として最適だったからではなく、軍事からの転用をきっかけとして採用されたにすぎませんでした。しかし、軽水炉は、その後も発電用に採用され続け、発電用原子炉の8割を占めるに至ったのです。

この他にも、鉄道における狭軌軌道や、電力の直流システムに対する交流システムの優位などが、「経路依存性」の例として挙げられます。

この「経路依存性」という現象は、どうして起きるのでしょうか。

スマートフォンの買い替えという身近な話を例に考えてみましょう。

スマートフォンを購入し、そこにアプリをダウンロードしたり、写真や動画を保

注89 Paul David, 'Clio and the Economics of QWERTY', American Economic Review, vol.75, No2 1985, pp.332-337.

存したり、メールやＳＮＳを利用したりするとします。そうすると、仮に、もっと性能のよい新しいスマートフォンの機種が登場しても、それに乗り換える手間や費用を考えると面倒になって、今までのスマートフォンを使い続けるということが起き得ます。

この例からも分かるように、ある技術がいったん採用されて、使われ始めると、その技術を使い続けることのメリットが次第に高まり、逆に、別の技術に乗り換えることのコストがかかるようになります。このため、同じ技術を使い続けるようになる。これが、「経路依存性」のからくりです。

これらの「経路依存性」の例は、技術や製品に関するものです。しかし、政治や経済にも、「経路依存性」というものがあり得ます。

例えば、ある制度が導入されるとします。すると、その制度の恩恵をこうむる人たちが出てきて、その制度を廃止することに抵抗します。このため、その制度を廃止できなくなる。

あるいは、ある制度がいったん導入されると、その制度の上に、他のもろもろの制度が組み立てられて、一つの大きなシステムになる場合があります。すると、その制度を廃止したり、変更したりするには、システム全体を変えなければならなくなり、莫大なコストがかかります。そのため、その制度を廃止・変更できなくなってしまうのです。

具体的な例を挙げてみましょう。

例えば、1999年に労働者派遣事業が製造業などを除いて自由化されました。次に、2004年には、製造業への労働者派遣も解禁されました。現在では、多くの日本企業の経営が、派遣労働者なしでは難しくなってしまっています。こうなっては、労働者派遣事業を禁止することは、きわめて困難でしょう。

あるいは、地方自治体が水道事業を民間企業に委託するPFIについて、考えてみましょう。

地方自治体が、いったん水道事業を民間企業に委託すると、そのうち、地方自治体は水道事業を運営するノウハウを失っていきます。すると、もし民間企業の水道事業に問題が生じて、地方自治体が再び水道事業を引き受けようとしても、もはや運営のノウハウがないので、そう簡単にはできないということになるのです。

2018年、日本は、入国管理法を改正し、本格的な移民政策へと舵を切りました。今後、移民政策による弊害が生じることでしょう。しかし、その頃には、日本企業は移民の低賃金労働者なしではやっていけなくなっているでしょう。また、移民を管理・制限するための行政コストもばかにならない。加えて、移民制限の復活は、アメリカやヨーロッパで起きているように、海外の国々や人権擁護団体から非難され、「排外主義」のレッテルを貼られるので、なかなかできないのです(この点については、是非、ダグラス・マレー著『西洋の自死』(東洋経済新報社)をお読みください)。

こうして、移民政策を止めたり、移民政策より前の状態へと戻したりすることは、事実上、不可能になるのです。

これらは、いずれも「経路依存性」と言うことができます。

日本が20年もの間、デフレから脱却できないでいるのも、デフレには「経路依存性」があるからだと言えるでしょう。

第4章で述べたように、富裕層、投資家、経営者は、貨幣価値が下落し、賃金が上昇するインフレを非常に嫌がります。

そして富裕層、投資家、経営者は、その強い政治的影響力を行使して、インフレを起こさせないような経済政策を推進させます。

デフレによる停滞が続けば、労働者階級の交渉力は相対的に弱まります。富裕層、投資家、経営者の政治力はますます強くなり、インフレを抑制するような政策がより強力に推し進められます。

デフレの「経路依存性」は、このようにしてできると考えられます。

イギリスのEU離脱が困難を極めているのも、「経路依存性」によって説明できるでしょう。イギリスがEUに加盟したことで、イギリスの多くの企業はEUのルールを前提として、工場を建てたり、事業を展開したりしてきました。それが今になって「EU離脱」と言われても、今までの路線を急に変えることはできません。

それは、イギリス以外の国の企業も同じでしょう。
イギリスは、EUに加盟している間に、EUという制度にからめとられ、依存するようになっていたのです。

イデオロギーの経路依存性

「経路依存性」があるのは、技術や制度だけではありません。
イデオロギーにも、「経路依存性」があります。

第8章や第9章で論じたように、財務省の「財政健全化」という理念には、強烈な「経路依存性」があります。

終戦直後、財政法第四条第一項に健全財政の理念が明記されて以後、大蔵省（財務省）は、およそ半世紀にわたって、財政赤字の抑制に努めてきました。この間、財政赤字の抑制に成功した官僚が高く評価され、出世したことでしょう。

財政健全化に成功して財務省のトップに上り詰めた者は、大なる可能性として、自分の考えと同じように、財政健全化に邁進する後輩を引き立てるでしょう。どれだけ財政赤字を削減したかが、財務省における人事の評価基準になるわけです。

こうしているうちに、財務省という組織は、財政健全化という経路に依存するようになってしまったのではないでしょうか。

その結果、デフレが続こうが、大震災が起きようが、財務省は、財政健全化という路線から外れることがなくなってしまったというわけです。

財務省の財政健全化は、イデオロギーの「経路依存性」の一例にすぎません。

平成の日本は、政官財学のあらゆる方面において、新自由主義というイデオロギーの経路に依存してきました。

いや、日本に限らない。

世界中が、「グローバル化」という経路に依存してきたのです。

世間では、「グローバル化の流れは止められない」というのがお決まりの文句になっています。この文句が正しいとすれば、それは、グローバル化には「経路依存性」があるという意味においてです。

しかし、第13章で論じたように、グローバル化は、本質的に、民主政治とは相いれません。

だとすると、「グローバル化」という経路に依存するということは、「民主政治の破壊」という経路に依存しているということになります。恐ろしいことです。

果たして「民主政治の破壊」という「経路依存性」から逃れることは、できるのでしょうか。国民主権を取り戻すことはできるのでしょうか。

これこそが、現在の我々が生きる時代における歴史の大問題である。私は、そのように思います。

おわりに——新時代へのピボット戦略

さて、これまでの議論を踏まえた上で、これから、私たちはどうすべきなのでしょうか。

答えははっきりしています。

まずは、本書第1章あるいは『目からウロコが落ちる　奇跡の経済教室【基礎知識編】』で論じたように、財政支出を拡大して、デフレを脱却することが第一です。緊縮財政から積極財政へと転じるのです。

さらに、第2章で論じたように、これまでの「ムチ型（企業利潤主導型）成長戦略」から、「アメ型（賃金主導型）成長戦略」へと転換することです。

この転換は、端的に言えば、平成時代に進められてきた一連の構造改革を止め、さらには逆行させることになります。

よく「改革を止めるな」とか「時計の針を戻すな」とか言います。しかし、平成時代の構造改革や経済政策は、ほぼすべて、賃金の伸びを抑え、格差を拡大させ、経済を停滞させるものばかりでした。

そして、平成の構造改革が始まる前は、バブル崩壊の後ですら、経済は成長していました。少なくともデフレではありませんでした。

平成の構造改革は、間違っていたのです。

そうであるならば、間違った改革を止めたり、逆行させたりするのに、何をためらう必要があるのでしょうか？

改革は止められないとか、時計の針は戻せないとか、そういう惰性で物事を進めたり、時代に流されたりするのは、もう、やめにしましょう。

ちなみに、スタートアップ企業などが、戦略に行き詰まって方針転換を図ることを「ピボット（pivot)」と言うそうです。

ピボットの元々の意味は、「回転軸」です。それが転じて、方針転換の意味となったようです。

日本の経済政策もまた、平成の「ムチ型（企業利潤主導型）成長戦略」が行き詰まり、グローバル化の「経路依存性」に陥っています。

経済政策の「ピボット」が必要な時です。


ちょうど、元号が「平成」から「令和」へと改まりました。

元号が改まったから世の中も改まるというわけではありませんが、しかし、せっかくですので、改元を契機に、平成の「経路依存性」から脱し、デフレからインフレへ、「ムチ型（企業利潤主導型）成長戦略」から、「アメ型（賃金主導型）成長戦略」へのピボットを試みようではありませんか。

具体的には、**図16**の「灰色」から「白色」へのピボットです。


最近、そのような運動を始める人たちも現れました。

例えば、京都大学大学院教授の藤井聡氏、経済評論家の三橋貴明氏、そしてジャ

図16◎経済政策のピボット

結果	成長と格差縮小（インフレ）	停滞と格差拡大（デフレ）
原因	需要 ＞ 供給	供給 ＞ 需要
政策の方向	需要拡大	供給拡大
政策目標	賃金上昇と雇用確保	企業利潤の最大化
実現手段① （需要対策）	大きな政府 積極財政 減税 金融緩和	小さな政府 緊縮財政 増税 （金融引き締め）
実現手段② （供給対策）	アメ型（賃金主導型） 成長戦略 規制強化、（一部）国有化 労働者の保護 グローバル化の抑制 管理貿易、金融規制、移民抑制	ムチ型（企業利潤主導型） 成長戦略 規制緩和、自由化、民営化 労働市場の流動化 グローバル化の促進 貿易自由化、金融自由化、 移民促進
イデオギー	民主主義 （保守／リベラル）	新自由主義 （保守／リベラル）
時代	令和	平成

ーナリストの堤未果氏たちは、「令和の政策ピボット」という運動を始めています。[注90]文字通り、平成から令和への転換にあたって、政策の「ピボット」を図ろうというわけです。

この「令和の政策ピボット」が掲げる経済政策は、基本的に本書のスタンスに非常に近い。

また、「令和の政策ピボット」が始まるのより少し前に、立命館大学教授の松尾匡氏たちが「薔薇マークキャンペーン」という運動を始めました。[注91]この「薔薇マークキャンペーン」が掲げる経済政策もまた、積極財政をはじめとして、本書のスタンスと共通するところが多い。

この「ピボット」において重要なのは、保守派（右派）とリベラル派（左派）が、国民のために、ともに手を携えるということです。

第10章で述べたように、本来の保守派の思想は、反・新自由主義でなければなりません。

そして、第11章で述べたように、本来のリベラル派の思想もまた、反・新自由主義のはずでした。

本来の保守派と本来のリベラル派は、経済政策において、ほぼ合意できるはずなのです。


また、本来の保守派は、グローバル化の脅威から、国家主権を守りたい。

そして、本来のリベラル派は、グローバル化の脅威から、民主主義を守りたい。

グローバル化は、保守派とリベラル派に共通の脅威なのです。

そして、民主国家における国家主権とは、国民主権すなわち民主主義のことです。

「国家主権を守る」と言っても、「民主主義を守る」と言っても、たいして違いはないのです。

注90 https://reiwapivot.jp/
注91 https://rosemark.jp/

「令和の政策ピボット」の呼びかけ人の一人である慶應義塾大学名誉教授の堀茂樹氏は、こう呼びかけています。

今や世界の趨勢はポスト・グローバリゼーションです。日本はここで適応を誤るわけにいきません。国民国家の再建が急務です。もはや、右翼と左翼で対立している場合ではありません。新自由主義グローバリズムに蝕まれてきたのは、ナショナルな価値とソーシャルな価値の両方なのですから。国境を否定すれば社会的連帯は不可能です。社会的連帯のためでなければ国境に存在意義はありません。[注92]

私も、まさに、この通りだと思います。

このことを、第12章で用いた座標軸で図示するならば、**図17**のように、灰色から白色への「ピボット」を実現すべく、右の保守派と左のリベラル派が協力するとい

注92 https://reiwapivot.jp/promoter/

図17◎思想のピボット

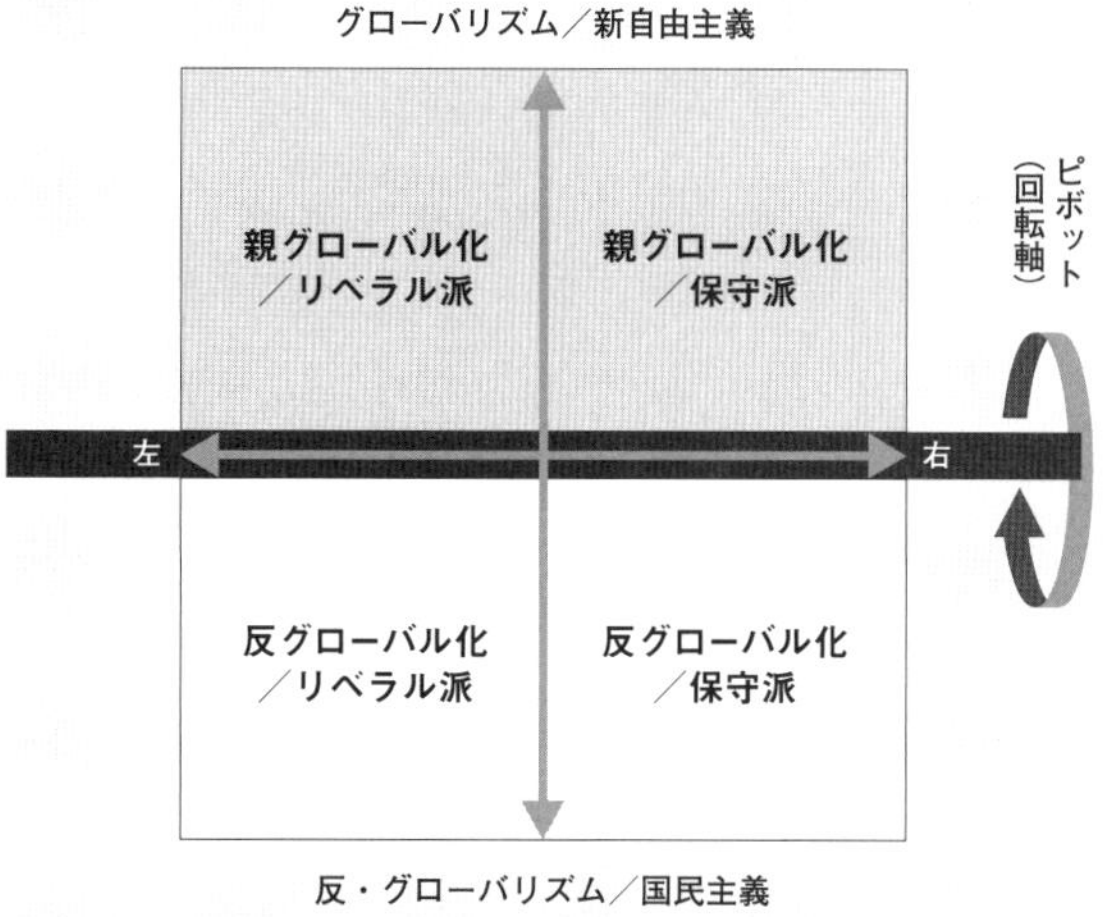

うことです。

左右の間のイデオロギー論争をやりたければ、日本が灰色から白色への「ピボット」を成し遂げたあとに、気が済むまでやればいいと思います。しかし、それまでは、手をとりあって「ピボット」を実現するのが、国民のためではないでしょうか。

「はじめに」で私は、経済政策には、思想が決めているという「思想決定説」と、政治勢力が決めているという「政治決定説」があると言いました。そして、これまで論じてきたように、この二説は、両方とも正しい面がある。

ですから、経済政策の「ピボット」とは、「思想」と「政治」の「ピボット」だということになります。

そして、議論を通じて、人々の考え方（「思想」）を動かし、そして「政治」を動かし、経済政策を動かす。民主政治とは、本来、そういうものであるべきだと思います。

本書が、思想と政治の「ピボット」を成功させる潤滑油とならんことを！

著者略歴

中野剛志（なかの・たけし）

1971年、神奈川県生まれ。評論家。元京都大学大学院工学研究科准教授。専門は政治思想。96年、東京大学教養学部（国際関係論）卒業後、通商産業省（現・経済産業省）に入省。2000年よりエディンバラ大学大学院に留学し、政治思想を専攻。01年に同大学院にて優等修士号、05年に博士号を取得。論文“Theorising Economic Nationalism”（Nations and Nationalism）でNations and Nationalism Prizeを受賞。主な著書に『日本思想史新論』（ちくま新書、山本七平賞奨励賞受賞）、『TPP亡国論』（集英社新書）、『日本の没落』（幻冬舎新書）など。前著『目からウロコが落ちる 奇跡の経済教室【基礎知識編】』がKKベストセラーズより絶賛発売中。

全国民《ぜんこくみん》が読《よ》んだら歴史《れきし》が変《か》わる
奇跡《きせき》の経済《けいざい》教室《きょうしつ》【戦略編《せんりゃくへん》】

2019年7月15日　初版第1刷発行
2021年6月25日　初版第8刷発行

著　者　中野剛志《なかのたけし》
発行者　小川真輔
編集者　鈴木康成
発行所　株式会社ベストセラーズ
〒112-0013 東京都文京区音羽1-15-15　シティ音羽2階
電話 03-6304-1832（編集）
電話 03-6304-1603（営業）

装　幀　石間 淳
本文図版　志岐デザイン事務所
印刷所　錦明印刷
製本所　積信堂
DTP　オノ・エーウン

　ISBN 978-4-584-13906-6　C0095